Sandesh Manuel
Der Herrgott hat gelacht

PATER SANDESH MANUEL OFM

Der Herrgott hat gelacht

Mein Leben mit Hip-Hop und Kloster

*Zusammen mit Daniel Bachmann
und P. Elias van Haaren* OFM

Kösel

Aus Gründen der leichteren Lesbarkeit konnte eine gendergerechte Schreibweise nicht durchgängig eingehalten werden. Bei der Verwendung entsprechender geschlechtsspezifischer Begriffe sind im Sinne der Gleichbehandlung jedoch ausdrücklich alle Geschlechter angesprochen.

Sollte diese Publikation Links oder Hinweise auf Webseiten Dritter enthalten, so übernehmen wir für deren Inhalte keine Haftung, da wir uns diese nicht zu eigen machen, sondern lediglich auf deren Stand zum Zeitpunkt der Erstveröffentlichung verweisen.

Penguin Random House Verlagsgruppe FSC® N001967

Copyright © 2022 Kösel-Verlag, München,
in der Penguin Random House Verlagsgruppe GmbH,
Neumarkter Str. 28, 81673 München
Umschlag: zero-media.net, München
Umschlagmotiv: Stephan Schönlaub, FinePic®, München
Druck und Bindung: CPI books GmbH, Leck
Printed in Germany
ISBN 978-3-466-37274-4
www.koesel.de

Inhalt

Auftakt 7

Vom Baby zum jungen Mann 11
Wann wurdest du eigentlich getauft? 23
Ein kleiner Schritt mit großen Folgen. Mein Weg ins
   Kloster 29
Musik: Mein Leben bekommt eine Melodie . . . 41
Wie ich wirklich nach Österreich kam 51
Aller Anfang ist schwer 55
Inspirieren? Ja! Beeinflussen? Nein! 67
YouTube: Meine Mission? 75
Menschen mit mir auf dem Weg 79
Meine Welt auf acht Quadratmetern 93
Man kann nicht nichts tun 111
Das Glück der kleinen und großen Dinge 117
Der »Billa-Song« 131
Der Herrgott hat gelacht und in Kärnten den
   Durchbruch gebracht 143
Bruder Sonne, Schwester Mond 149
Über die Kunst des Dranbleibens 161

Schlussakkord 167
Danksagung 171

Auftakt

»Wie bist du eigentlich nach Österreich gekommen?« Diese Frage stellen mir Menschen, wenn sie mir begegnen, normalerweise als Erstes. »Natürlich mit dem Flugzeug«, antworte ich dann scherzhaft. Wahrscheinlich haben Sie jetzt gelächelt und genau das wollte ich bewirken. Wenn Sie lachen, dann lacht der Herrgott auch. Das ist das Ziel meines Lebens und die Botschaft, die ich durch dieses Buch vermitteln möchte.

Meine Zuschauerinnen und Zuschauer in meinen Musikvideos begrüße ich meistens mit den Worten: »Hallo, liebe Leute!« oder »Hallo, beautiful Menschen!« Und so möchte ich auch dieses Buch beginnen: Hallo, liebe Leserinnen und Leser, all ihr wunderbaren Menschen, die ein bisschen mehr über mich und mein Leben erfahren wollen.

Bestimmt haben Sie das Buchcover gesehen, den Titel »Der Herrgott hat gelacht« gelesen und dann – was haben Sie gedacht? Was kam Ihnen als Erstes in den Sinn? Haben Sie einen Franziskaner gesehen mit Baseball-Kappe, der sich als Hip-Hopper bezeichnet und aus Indien kommt? Oh, mein Gott, so viele Klischees vereint: Allein schon Indien – woran denken Sie bei diesem Wort? An Bollywood Filme, Mahatma Gandhi, Mutter Teresa, an Slums oder die Paläste? An Menschen mit einem Punkt auf der Stirn und Frauen mit einem Sari, an Maharadschas, und natürlich überall heilige Kühe, Gurus und Sadhus, das Kastensystem, und natürlich den »Indian Head Shake«?

Franziskaner – genauso ein Klischee-Bild. Denken Sie bei Franziskanern an das Franziskaner Bier? Oder an dicke alte Männer mit Bärten, die das ganze Jahr über Sandalen tragen, an Franz von Assisi oder den Film »Der Name der Rose«? An ein Leben hinter Klostermauern, an jemanden, der dauernd betet und von der Welt überhaupt keine Ahnung hat? An jemanden, der die ganze Zeit fastet? An jemanden, der in einer Welt von vor 1000 Jahren lebt und so weiter und so fort? Haben Sie einige dieser Vorurteile im Kopf, vielleicht nicht absichtlich, aber doch unbewusst?

Hip-Hopper – was fällt Ihnen dazu ein? Jemand, der aus einem Getto kommt, der mindestens eine kleine Gangsterkarriere hinter sich hat, mal Drogen »vertickt« oder welche konsumiert hat, der irgendwie ordinär sprechen und protzig daherkommen muss, mit Sneakers, einer dicken Silberkette und einer fetten Uhr, der laut ist und provoziert? Ja, so muss doch ein Hip-Hopper sein oder?!

Keines dieser ganzen Klischees trifft auf mich und mein Leben zu, alles in meinem Leben ist irgendwie ganz anders, als man es sich vielleicht auf den ersten Blick vorstellen möchte. Aber das macht das Leben ja so interessant, auch mein Leben. Oder möchten Sie einfach in irgendwelche Klischees gepresst werden? Natürlich: Klischees sind deshalb Klischees, weil sie Wirklichkeit abbilden wollen, genau deshalb aber oft genug meilenweit an ihr vorbeigehen. Kategorien helfen uns im Leben, Dinge richtig einzuordnen, uns ein stimmiges Bild von der Welt zu machen. Aber wann immer Menschen in Kategorien oder Schubladen eingepasst werden sollen, funktioniert das nicht mehr. Menschen sind facettenreich, vielschichtig, handeln je nach Situation und manchmal auch irrational. Jede und jeder Einzelne von uns ist eine einzigartige Zusammenstellung aus Eigenschaften, Charakteristiken, Plänen, Einstellungen, Ansichten, Meinungen, Erlebnissen und Kenntnissen. Ein respektvoller Umgang miteinander berücksichtigt das. Und versucht, jenseits der Klischees zu denken.

Ich möchte in diesem Buch von meinem Leben erzählen, aber nicht, um mich selber darzustellen, sondern eigentlich, um meinem Namen treu zu bleiben: Sandesh bedeutet »gute Nachricht« oder »gute Botschaft« und davon will ich erzählen, ohne Klischees zu reproduzieren. Mein Leben ist kein bunter Bollywood Film und es ist auch nichts Lautes und Schrilles, was ich in die Welt posaunen möchte. Und schon gar nichts, das in mittelalterlichen, hinterwäldlerischen Traditionen verhaftet ist.

Mein Leben legt den Fokus aufs Einfache. Mir ist bewusst, dass ich nichts Bahnbrechendes oder gar Spektakuläres berichte. Ich bin kein Politiker, der Nationen versöhnt, Kriege abwendet, Wirtschaften zum Blühen bringt. Ich bin kein Mediziner, der durch seine Forschung Krankheiten heilt, kein Klimaforscher, der die Zukunft modelliert. Ich bin ich, Sandesh Manuel, und das, was ich bin – Sandesh, der für eine gute Botschaft steht – versucht dieses Buch verständlich zu machen. Meine Botschaft ist nicht kompliziert, nicht komplex. Jede und jeder kann diese Botschaft verstehen, weil sie schlicht ist. Weil sie versucht, mit einem unverstellten Blick auf die Welt zu schauen und Freude darin zu erkennen. Das ist die Suchbewegung meines Lebens: Freude und Fröhlichkeit finden – und zwar in den ganz einfachen Dingen. Wir können so viel Schönheit, so viel Anmut, so viel Größe in den ganz alltäglichen Gegebenheiten finden! Wenn wir nur wollen. Manchmal ist das eine Anstrengung, aber ich möchte mit diesem Buch auch versuchen, Ihnen diese Einstellung nahezubringen: Das Besondere liegt im Alltäglichen.

Aus dieser Haltung heraus spreche ich zu Ihnen und freue mich auf diesen gemeinsamen Weg. Begonnen hat er ganz weit weg in Indien und ist nun in Wien angekommen.

Im Januar 2022

Vom Baby zum jungen Mann

Mein Leben begann vor gut 40 Jahren, geboren wurde ich am 4. Januar 1980 in Bengaluru in Indien. Etwaige Klischees sind auch hier fehl am Platz: Wir waren keine zehnköpfige Großfamilie, in der meine Mutter den ganzen Tag am Herd stand und Chapati gebacken hat, um uns großzuziehen. Nein, ich komme aus einer ganz normalen Mittelstandsfamilie. Meine Mutter war Lehrerin, mein Vater war Staatsbeamter, ich habe nur eine Schwester, so wie die meisten Familien in Europa. Wir haben auch nicht in einer Hütte gewohnt, sondern in einem ganz gewöhnlichen Haus.

Zu der Zeit, als ich Kind war, ging es noch etwas »indischer« zu als heute: Das Haus war europäisch eingerichtet, wir hatten viele Möbel und ich habe ganz normal in einem Bett geschlafen, nicht in einer Hängematte. Wir hatten zwar einen Tisch und Stühle, aber zum Essen haben wir uns trotzdem auf den Boden gesetzt. Mittlerweile ist das alles ein bisschen anders, meine Nichte und mein Neffe sitzen beim Essen am Tisch. Über meine Familie, meine Kindheit und Jugend erzähle ich gerne, denn diese Phasen prägen uns im Leben. Als ich geboren wurde, hat meine Mutter gesagt, dass ich ein süßes kleines, dickes Baby war, dass alle völlig vernarrt in mich waren. Sie hat mich besonders geliebt, weil ich ihr Wunschkind war und noch dazu ihr erstes Kind. Aber nicht nur sie, sondern auch alle ihre Freundinnen hatten total ihr Herz an mich verloren. Später forderte ich die Menschen meiner Umgebung dann ein bisschen heraus, denn dann war ich nicht mehr dick, süß, lieb und einfach nur zum Knuddeln, sondern etwas aufmüpfig. Aber die Liebe ist natürlich geblieben.

Eine besondere Beziehung hatte ich immer zu meiner Schwester Subha und zu meinem Großvater, der, wie man sagen würde, ein richtiges Original war. Darüber werde ich später noch erzählen. Auf jeden Fall hat mich alles, was ich als Kind erlebt habe, sehr geprägt. Ich bin sehr behütet aufgewachsen, meine Eltern wollten immer das Beste für mich, ich war sozusagen ihr kleiner Prinz, die Schuhe immer glänzend herausgeputzt, die Haare immer geschniegelt und gestriegelt, alles wurde für mich gemacht, ich musste und durfte mich um nichts kümmern. Das hatte später auch Folgen in meinem Leben, aber als Kind habe ich es genossen, der kleine Prinz zu sein. Wir hatten sogar ein Hausmädchen, es war nicht irgendein armes Mädchen aus den Slums, sondern eine entfernte Verwandte, die bei uns gearbeitet hat. Auch sie hat mich geprägt, wenn auch in negativer Art und Weise ...

Wie gesagt, meine Kindheit war behütet, und auch geprägt von gewissen Ritualen: Entscheidend war zunächst, dass meine Eltern beruflich eigentlich den ganzen Tag unterwegs waren. Darum gab es zwei Fixpunkte im Tagesablauf bei uns, das Frühstück und das Abendessen. Es war meinen Eltern ganz wichtig, den Tag gemeinsam zu beginnen und ihn gemeinsam zu beenden. Meine Eltern wollten wenigstens zu diesen festen Terminen Zeit für uns haben, sie wollten, dass wir zusammen diese Zeit miteinander teilen. Uns Kindern hat das nicht immer so gut gefallen, denn wir hätten manchmal lieber Fernsehen geschaut, die Serien im Vorabendprogramm, die Kinder halt mögen, aber unser Leben war eben geprägt durch gewisse Rituale, und das, was die Eltern sagten, hat, zumindest als ich Kind war, auch noch gezählt.

Der Tag begann also mit dem Frühstück, das Frühstück schaut bei uns in Indien ein bisschen anders aus als hier in Wien: Keine Weißmehlsemmeln mit Butter, Honig und Marmelade oder ein gekochtes Ei. Bei uns wurde schon in der Früh richtig gekocht: verschiedene Gerichte aus Reis, Gemüse und Fleisch, dazu frisch gebackenes Brot – ein Geruch, der sich schon frühmorgens durchs ganze Haus ausbreitete. In der europäischen Küche kennt man das so nicht, zumindest nicht in Mitteleuropa, denn in keiner österreichischen, deutschen oder Schweizer Familie fängt ein Elternteil in der Früh an zu kochen. Bei uns in Indien ist das völlig normal, man isst dreimal am Tag warm.

Der zweite wichtige Fixpunkt unseres Alltags war das Abendessen, denn da kamen wir dann wieder zusammen. Am Ende des Tages, bevor wir gegessen haben, war es meinen Eltern immer ganz wichtig, dass wir miteinander beteten. Meine Eltern sind sehr religiös, natürlich bin ich auch gläubig, sonst wäre ich ja nicht Franziskaner geworden. Ich bin gläubig, aber meine Religiosität schaut schon ein bisschen anders aus als die meiner Eltern. Für sie war und ist zum Beispiel der Rosenkranz wichtig, meine Mutter ist die Präsidentin der »Legio Maria« in unserem Bundesstaat. Das ist eine internationale Gebetsbewegung, dazu kamen die Litaneien zur Mutter Gottes und den Heiligen, Novenen und viele andere

Gebete. Mit denen kann ich persönlich nicht so viel anfangen und, wie gesagt, damals hätte ich sowieso lieber Fernsehen geschaut, aber wir haben halt mitgemacht. Und dabei auch eine gewisse Ordnung gelernt, die hat es bei uns schon gegeben und diese Ordnung hat dann auch mein späteres Leben geprägt und sie trägt mich bis heute. Ich lasse mich nicht gerne einsperren, aber das Leben braucht auch Strukturen, denn wenn es gar keine Struktur gibt oder die Eckpfeiler fehlen, dann fällt leicht alles auseinander. Es braucht einen gewissen Rahmen, der dem Bild des Lebens Halt gibt, aber dieser Rahmen soll nicht einengen, denn das Bild ist es, das den Rahmen füllt. So soll auch mein Leben nicht durch Strukturen eingeengt werden, sondern die Strukturen sollen mir helfen, mein Leben frei zu leben.

Wo ich also genau herkomme? Aus Bengaluru, das liegt in der Mitte des südlichen Teils Indiens, es ist die Hauptstadt des Bundesstaates Karnataka. Bengaluru ist eine Stadt, in der mehr Menschen leben als in ganz Österreich, 2020 zählte man 12,5 Millionen Einwohner, so viel wie der Großraum London oder die gesamte Metropolregion rund um Paris. Wien mit seinen 1,9 Millionen Einwohnern kommt mir da doch sehr überschaubar vor. Natürlich gibt es in Städten wie Wien, Paris, London oder Berlin auch ärmere Viertel. Doch was man nicht finden wird, sind Slums, von denen es in Bengaluru über das ganze Stadtgebiet verteilt, trotz des Reichtums, über 400 gibt. Aber meine Heimat ist nicht zu vergleichen mit Städten wie Bombay oder Kalkutta, mit Slums, wie man sie aus dem Fernsehen kennt. Trotzdem liegen Armut und Reichtum, liegen Schönheit und manchmal auch Hässliches nah beieinander.

Die Kluft zwischen Reich und Arm macht mich traurig. Wenn ich einen Besuch in meiner Heimat mache, sehe ich die vielen Veränderungen, die es mittlerweile gibt, z. B. wie sehr auch die Verschmutzung zugenommen hat. Der Verkehr in den Straßen ist der helle Wahnsinn. Für eine Strecke von zehn Kilometern muss man drei Stunden Zeit einkalkulieren. Selbst in einem gemütlichen Wiener Fiaker ist man schneller unterwegs! Als ich ein Kind war, da wurde Bengaluru die »Garden City«, die »Gartenstadt« genannt, es gab wirklich viele Parks, manches verklärt man vielleicht im Nachhinein, aber meine Stadt war eine grüne Stadt. Leider hat sie heute einen anderen Namen bekommen, man nennt sie jetzt »Garbage City«, das bedeutet die Müllstadt, obwohl ich sagen muss, dass das auch ein wenig übertrieben ist, aber Menschen neigen halt mal zu Extremen. Bengaluru ist keine zugemüllte Stadt, nein, Bengaluru ist auch das neue »Silicon Valley« Indiens, es ist eine Stadt, in der viele Filme produziert werden, in der ganz viel im Bereich der Computerindustrie gearbeitet wird, Bengaluru ist eine aufstrebende Stadt mit einer Skyline! Bengaluru ist eine Stadt mit vielen Fachkräften und hoch ausgebildeten Menschen!

In der Stadt leben heute viele Ingenieure, Programmierer, und was diese Industrien noch alles an bestens ausgebildeten Mitarbeitern brauchen. Manche Firmen in Europa, auch aus Deutschland und Österreich, haben ihre komplette Buchhaltung und Finanzverwaltung nach Bengaluru verlegt. Meine Stadt ist auch ein Zentrum der Filmindustrie, in Europa sind »nur« die Bollywood Filme bekannt, jene Filme, die in Bombay (heute Mumbai) und Nordindien produziert werden. Es gibt aber auch andere Zentren, nach denen Filme benannt werden, »Tollywood«, »Mollywood«, »Kollywood«, die Filme aus meinem Staat heißen »Sandalwood«, da in unserem Bundesstaat viel Sandelholz angebaut wird.

Was noch sehr wichtig ist: Wir haben ein sehr mildes Klima und bleiben normalerweise im Vergleich zu anderen Gebieten in Indien vor den Folgen der Wetterextreme wie z. B. Überflutungen durch den Monsun oder extreme Hitze verschont. Bengaluru ist, wie schon erwähnt, die Hauptstadt des indischen Bundesstaates Karnataka und – jetzt wird es ein bisschen lustig – in Karnataka sprechen wir Kannada. Ich spreche Kannada, das ist eine 2000 Jahre alte Sprache, aber natürlich komme ich nicht aus Kanada. Ich werde oft gebeten: »Bitte sing doch mal ein Lied auf Indisch.« Ich antworte dann: »Wenn du ein Lied auf Europäisch singst, dann singe ich auf Indisch.«

Indisch ist genauso wenig eine Sprache wie Europäisch. Jeder Bundesstaat bzw. jede Volksgruppe in Indien hat eigene Sprachen, meine ist eben Kannada. Es war für mich selber eine große Überraschung, als ich bei meinen Studien auf einen deutschen Namen stieß: Pastor Ferdinand Kittel ging in die Geschichte meines Bundeslandes Karnataka ein, weil er das erste Wörterbuch unserer Sprache Kannada verfasst hat. Er muss über eine enorme Sprachbegabung und dazu eine überaus große Portion Fleiß verfügt haben, um diese Arbeit zu bewältigen. Wenn es mir gelingt, Deutsch auch nur halb so gut zu beherrschen, wie Pastor Kittel Kannada beherrscht haben muss, darf ich damit zufrieden sein.

Karnataka, diesen Bundesstaat kennt eigentlich keiner. Kerala oder Goa kennt man vielleicht noch, denn dorthin zogen in den 1970er-Jahren viele europäische Hippies, und natürlich, weil ganz viele Priester und Ordensleute in Europa aus Kerala stammen. Aber Kerala ist eben nicht Indien, so wie auch Berlin nicht Deutschland, Zürich nicht die Schweiz und Wien nicht Österreich ist. Berlin ist anders, Wien ist anders, Zürich ist anders und Bengaluru ist eben auch anders. In meiner

Stadt leben aber nicht nur Menschen, die aus Karnataka stammen, sondern auch aus vielen anderen Bundesstaaten, viele Sprachen werden gesprochen. Auch wenn Kannada die wichtigste Sprache ist, reden die Menschen Malayalam, die Sprache, die in Kerala gesprochen wird, oder Tamil, die Sprache, die in unserem Nachbarstaat Tamil Nadu gesprochen wird, und noch viele andere Sprachen. Manche von ihnen verstehe ich ein bisschen, andere gar nicht, denn auch die Schriftzeichen sind zum Teil ganz anders. Bei uns in Indien wird deswegen als Umgangssprache Englisch verwendet.

Wir sind ein so großes Land, das ja nicht umsonst auch als Subkontinent bezeichnet wird. So viele Völker, Nationen und Religionen sind auf engstem Raum vereint, so viele Sprachen und Dialekte werden gesprochen. Darum sind wir zumindest für ein Erbe der britischen Kolonialzeit dankbar, nämlich das Englisch – diese Sprache verbindet uns alle. So habe auch ich von Anfang an in der Schule Englisch gelernt, der Unterricht hat auf Englisch stattgefunden und ich habe auf Englisch studiert. Ich rede auch mit meinen Eltern einen Mischmasch aus Englisch und Kannada. Meine Mutter war übrigens Englischlehrerin und eine Mutter als Lehrerin zu haben und dann auch noch in ihre Schule zu gehen –, das war gar nicht immer so einfach. Natürlich wollen Mütter das Beste für ihre Söhne, das ist wohl überall auf der Welt so, aber Mütter wollen sich auch manchmal durch ihre Söhne profilieren, deswegen sollte ich immer so sein, wie sie mich »haben wollte«, aber das habe ich ja nun schon mehrfach angesprochen: Ich will nicht so sein, wie andere mich wollen, sondern so, wie ich bin. So, wie ich bin, bin ich aber nicht »einfach geworden«, ich habe mich entwickeln müssen und das war gut so.

Ich bin ein Mensch, der Harmonie sucht, das muss ich zugeben. Ich mag es nicht zu streiten. Konflikte bedrücken mich und machen mir Angst, vielleicht weil ich in einem sehr harmonischen Umfeld groß geworden bin. Meine Familie wollte ja immer nur das Beste für mich, wir waren eine kleine Zelle, die zueinander gestanden ist und zueinander gehalten hat. Meine Eltern waren für uns da und wir für sie, auch wenn es oft schwer war, dass sie den ganzen Tag bei der Arbeit waren. Häufig war ich darum alleine und musste lernen, mich mit mir selbst zu beschäftigen. Deshalb habe ich schon als Kind angefangen zu malen und so meinen Gefühlen Ausdruck zu verleihen. Malen, das tue ich bis heute gerne, darum kann man mich nicht einfach nur auf die Musik reduzieren, auf den Hip-Hop oder auf YouTube oder auf irgendetwas anderes, es gibt viele Seiten, viele Facetten in mir. Malen ist eine davon. Bilder prägen sich ein, darum male ich gerne Bilder, Lebensbilder. Dieses Buch ist auch so ein Bild meines Lebens.

Aber ich malte nicht nur und war nicht nur für mich alleine, ich hatte auch Freunde und großen Spaß vor allem, wenn ich Fußball spielte – ich liebte Fußball! Und natürlich zog ich auch mit Freunden durch die Gegend. Erst später natürlich, als ich älter war, aber wenn ich dahin zurückblicke, war ich wohl ein ganz normaler Jugendlicher und natürlich auch verliebt, zweimal hat es mich richtig erwischt …

In meiner Kindheit waren vor allem zwei Menschen ganz besonders wichtig: Meine Schwester und mein Opa. Die Beziehung zu meiner Schwester habe ich schon erwähnt. Sie liegt mir besonders am Herzen, nicht nur, weil sie meine einzige Schwester ist, sondern weil es ein ganz prägendes Erlebnis mit ihr gab: Meine Schwester ist jünger und als wir noch klein waren, haben wir einmal mit unseren Eltern einen Ausflug gemacht. Wir sind zu einer Karmeliterkirche gepilgert, meine Eltern wollten dort beten, sie waren drinnen in der Kirche und wir haben draußen gespielt. Dabei bin ich in einen Fischteich gefallen, ich konnte nicht schwimmen und wäre fast ertrunken. Meine kleine Schwester ist in die Kirche gelaufen und hat immer wieder »Wasser, Wasser« geschrien. So haben meine Eltern gemerkt, dass etwas nicht stimmt, und sind aus der Kirche hinausgelaufen zu dem Teich, der sich im Park vor der Kirche befunden hat. Wie durch ein Wunder hatte ich es geschafft, irgendwie an die Wasseroberfläche zu kommen, obwohl ich Nichtschwimmer war. Es hat mich immer wieder hochgedrückt und ich konnte an der Wasseroberfläche verharren. Ein doppeltes Wunder, auch wenn ich nicht leichtfertig von Wundern rede! Ein Wunder Gottes, von dem ich glaube, dass er mich noch gebraucht hat. Und ein Wunder, wie meine kleine Schwester, die eigentlich aufgrund ihres Alters unfähig war, mir zu helfen, trotzdem alles darangesetzt hat, mein Leben zu retten.

So etwas verbindet, da hält und steht man einfach zusammen und geht durch Dick und Dünn. Darum habe ich immer zu meiner Schwester gehalten, auch in Zeiten, als es ihr nicht so gut ging.

Dieses Ereignis lehrte mich, dass man sich selbst aus den schlimmsten Situationen befreien kann, und dass man sogar gute Erinnerungen daran mitnehmen kann. Häufig bekommt unsere eigene Entwicklung auch den kräftigsten Schub, wenn wir ganz unten sind – wie damals, als ich mich mit meinen Beinen vom Grund des Teiches wegdrückte. Solche schwierigen Momente, wie ich sie auch später noch erleben musste, nenne ich oft meine S-Perioden, wobei das S für »Sorrow« steht, das englische Wort für seelisches Leid oder Kummer. Natürlich habe ich auch J-Perioden, und das J steht für »Joy«, die Freude.

Vielleicht steht das alles im Zusammenhang mit einem Ereignis, das geschah, als ich noch ein sehr kleiner Junge gewesen bin.

Eine weitere wichtige Person war mein Großvater, ich habe ja schon erwähnt, dass er ein »Original« war. Er war früher Polizist. Als ich Kind war, war er schon in Pension und spielte als Laie in einer Theatergruppe. Er war dem Whisky nicht abgeneigt und darum immer ein bisschen beschwipst, aber nie aggressiv oder böse, sondern lustig und hat sich gerade in diesen Momenten Zeit für mich genommen. Er hat auch mein Talent zur Musik entdeckt und mir das erste Musikinstrument geschenkt: Es war ein altes Harmonium, eine alte kleine Orgel. Sie hat nicht richtig gut funktioniert, aber auf ihr habe ich entdeckt, Töne und damit Resonanz zu erzeugen, Töne die mein Leben prägten, Melodien, die mich bis heute begleiten, Melodien der Kindheit. Mein Opa hat auch dafür gesorgt, dass ich Unterricht bei einem Lehrer bekommen habe. Bei diesem habe ich nicht wirklich viel gelernt, aber meine Liebe zur Musik wurde wohl in diesem Moment geweckt.

Wie im Leben eines jeden Menschen gab es auch in meiner Kindheit leider nicht nur Gutes. Unser Hausmädchen etwa hat mich gezwungen, mit ihr Dinge zu tun, die ich nicht tun wollte. Leider machen diese Erfahrung viele Kinder. Heute weiß ich, dass mich das Hausmädchen missbraucht hat. Es war zwar kein gewalttätiger Akt, aber es war etwas, wovor ich mich geekelt habe und wovon ich gespürt habe, dass es »nicht gut« war. Sie wollte mich berühren und ich sollte sie berühren, etwas, was mit keinem Kind passieren darf! Kinder dürfen nie zu so etwas gezwungen werden. Auch wenn ich das, was geschehen ist, als Kind gar nicht begriffen habe und in Worte fassen konnte, habe ich gemerkt, dass es mir unangenehm war und dass ich nie mehr zu etwas gezwungen werden möchte. Dabei möchte ich auch anderen Menschen helfen. So etwas darf in keinem Leben passieren und darum ist mir das auch ein großes Anliegen, gerade innerhalb der Kirche von heute dafür zu sorgen, dass kein Kind missbraucht werden darf! Kinder müssen geschützt werden!

Ja, diese Erfahrung hat mich geprägt, ganz besonders in meinem Leben als Priester und Franziskaner. Und auch, wenn dieser dunkle Schatten meine Kindheit mitprägt, waren es vor allem die Alltäglichkeiten, an die ich denken muss, wenn ich mich zurückerinnere. Neben unseren gemeinsamen Familienritualen gab es die Gottesdienstbesuche, die Zeit mit meiner Schwester und meinen Freunden und dann gab's natürlich auch die ganz normale »Karriere«, die jedes Kind und jeder Jugendliche weltweit durchläuft: Mit vier Jahren kam ich für zwei Jahre in den Kindergarten, so wie es auch in Europa die meisten Kinder tun.

Nach dieser Zeit im Kindergarten schaut es bei uns dann aber ein bisschen anders aus. Unser Schulsystem funktioniert nicht wie das in Europa, wir haben keine Volks- oder Grundschule, keine Hauptschule, kein Gymnasium und dergleichen, sondern man geht von der ersten bis zur zehnten Klasse in eine Art Schule, die alle Schultypen vereint. Von der ersten bis zur zehnten Klasse, also vom fünften bis zum 15. Lebensjahr bin ich in eine Schule gegangen, in der alle Stufen integriert sind, die in Europa eigentlich getrennt sind. Die ersten Jahre ist man in so einem Bereich, der in Deutschland, der Schweiz und Österreich die Volks- oder Grundschule ist, man bleibt danach in derselben Schule, kommt aber in eine Art Mittelstufe. Die letzten Jahre ist man dann in der Oberstufe, der sogenannten »Highschool«, alle Schulstufen sind unter einem Dach.

Einmal habe ich die Schule gewechselt, zuerst war ich in der »Saint Mary the Immaculate«, aber diese wurde dann in eine Mädchenschule umgebaut und so wurde ich auf die »Saint Joseph School« geschickt. Dort war ich bis zu meinem ersten Schulabschluss nach zehn Jahren. Als ich 15 Jahre alt war, bin ich für zwei Jahre in eine Art Gymnasium gegangen, das nennt man bei uns »Pre University«, also die Vorstufe zur Universität. Der Abschluss am Ende dieser Schule entspricht der Matura in Österreich oder dem Abitur in Deutschland und berechtigt zu einem Universitätsstudium. Ich wollte eigentlich Medizin studieren und habe sogar schon die Aufnahmeprüfung gemacht. Aber wie so oft sind Gottes Wege anders als unsere Pläne und so habe ich das Medizinstudium gar nicht erst begonnen, sondern ich wagte einen ganz anderen Schritt.

Wann wurdest du eigentlich getauft?

»Wann wurdest du eigentlich getauft?« Das ist eine Frage, die mir immer wieder gestellt wird, nicht weil die Menschen mein Taufdatum interessiert, sondern weil sie sich nicht vorstellen können, dass ich schon immer Christ gewesen bin. Ganz viele Leute in Europa glauben, dass die meisten Menschen in Indien Hindus sind, sie wissen gar nicht, dass es überhaupt Christen in Indien gibt, sie glauben, dass ich – wenn überhaupt – Konvertit bin.

Aber ich wurde als kleines Baby getauft. Denn meine Familie war schon immer christlich. Natürlich können wir unseren Stammbaum nicht, wie man so schön sagt, »bis Adam und Eva« zurückverfolgen, aber keiner kann sich aktiv daran erinnern, dass und wann unsere Familie zum christlichen Glauben übergegangen wäre. Alle Generationen in meiner Familie erinnern sich nur daran, schon immer katholisch gewesen zu sein.

Es stimmt, die Mehrheit der Bevölkerung in Indien ist natürlich hinduistischen Glaubens, aber es gibt nicht nur Hindus. Auch wenn diese 80 Prozent der Bevölkerung ausmachen und auf alle Bundesstaaten verteilt sind, so gibt es in den verschiedenen Bundesstaaten doch auch große muslimische Bevölkerungsgruppen, und es gibt auch kleinere Gruppen, die in Europa fast unbekannt sind, die Sikhs etwa. Vielleicht hat man von jenen noch ein Bild im Kopf, das sind die Männer mit dem Turban, die allerdings nicht – das bedient nur wieder das Klischee – als Postboten oder Zeitungsverkäufer arbeiten.

Eine weitere kleinere Gruppe sind die Anhänger des Jainismus. Das sind Menschen, die ganz vegan leben, die jedes Geschöpf der Erde respektieren, die glauben, dass man in jeder Form wiedergeboren werden kann, und deswegen alle Formen der Schöpfung besonders achten. Es gibt aber auch Buddhisten und in manchen Bundesstaaten gibt es noch kleine Gruppen von jüdischen Gemeinden, auch wenn die meisten nach der Gründung des Staates Israel aus Indien ausgewandert sind. Natürlich gibt es auch Menschen, die immer noch einer Naturreligion folgen, vor allem in den ganz abgeschiedenen Gebieten, der Inselwelt der Andamanen und den ganz nördlichen Regionen Indiens.

Und es gibt Christen der verschiedensten Konfessionen. Diese Christen gehen auf die Zeit der Apostel zurück, der Tradition nach ist der Apostel Thomas durch den Irak und den Iran nach Indien gekommen und brachte so den christlichen Glauben schon im ersten Jahrhundert an die westliche Küste Indiens. Darum sind Bundesstaaten wie Kerala und Goa mehrheitlich christlich. Viele Christen in Indien leben nach dem Syro-Malabarischen Ritus. Sie feiern die Messe sogar noch zum Teil auf Aramäisch, in der Sprache Jesu, was eben daran liegt, dass der Apostel Thomas den Glauben vor 2000 Jahren nach Indien gebracht hat.

Meine Familie jedoch ist römisch-katholisch. Wir feiern also den Gottesdienst genau wie in Europa, wir haben denselben Kalender, dieselben Feste und Jahreskreisfeiern – alles nur etwas bunter und vielleicht temperamentvoller. Bei so vielen Religionen und Kulturen nebeneinander, da fragt sich wohl bestimmt so mancher Europäer: Kann das denn überhaupt funktionieren? »Aber natürlich!«, lautet meine Antwort ganz klar, denn: Kinder haben keine Vorurteile. Diese werden ihnen immer von den Erwachsenen eingeimpft. Ein Kind ist noch ganz unschuldig in seinem Glauben, was der Grund ist, warum Jesus sagt: »Lasset die Kinder zu mir kommen und wehret ihnen nicht, denn solchen gehört das Reich Gottes. Wahrlich, ich sage euch: Wer das Reich Gottes nicht empfängt wie ein Kind, der wird nicht hineinkommen.« Genau diese Unschuld lebten wir als Kinder in unserer Nachbarschaft aus, wo es neben uns Christen auch Hindus, Buddhisten und Muslime gab. Und die Erwachsenen impften uns nicht das Vorurteil oder den Hass ein, wie es nur zu oft geschieht. Ganz im Gegenteil: Alle freuten sich mit, wenn eines der traditionellen religiösen Feste gefeiert wurde. Stand bei uns die Weihnachtszeit vor der Tür, ließen sich unsere hinduistischen Nachbarn nur allzu gerne einladen. Und wir waren bei ihnen genauso willkommen.

Ja, ich denke, wenn Jesus, Krishna, Mohammed und die anderen sich im Himmel treffen, dann streiten sie nicht miteinander, sondern wundern sich eher über das, was die Menschen in ihrem Namen so alles treiben. Ich lebe lieber nach dem Motto: »Unity in diversity«.

Bei den Christen in Indien, vor allem bei uns Katholiken gibt es die gleichen Sakramente wie in Europa und so war das erste Sakrament, das ich empfangen durfte, die Taufe als Baby. Darum kann ich mich an meine eigene Taufe natürlich auch gar nicht erinnern. Erzählungen nach soll sie ein wenig turbulent gewesen sein. Eigentlich hätten mein Onkel und meine Tante meine Taufpaten sein sollen, wir waren schon in der Kirche, doch die beiden kamen nicht. Sie hatten unterwegs eine Autopanne, waren sozusagen auf der Strecke liegen geblieben. Der Priester wurde schon etwas unruhig, denn die Taufe sollte natürlich stattfinden und da es für eine Taufe einen Taufpaten oder eine Taufpatin braucht, schaute mein Vater sich verzweifelt in der Kirche um. Ganz hinten in der Kirche, still für sich alleine, betete eine italienische Ordensschwester, die als Missionarin bei uns arbeitete. Kurzerhand hat er sie gefragt, ob sie nicht meine Taufpatin werden könnte, und sie hat sofort Ja gesagt. So bekam ich eine Taufpatin, die gar nicht aus meiner eigenen Familie stammte und doch ein Teil der großen Familie ist, die wir Christen nennen. Denn Jesus hat ja gesagt, wir alle sind Brüder und Schwestern, eine Familie Gottes.

Meine Taufpatin habe ich natürlich sehr selten gesehen, weil sie eben nicht zu unserer leiblichen Familie gehörte und als Ordensschwester ganz andere Aufgaben hatte. Aber etwa dreimal im Jahr haben wir sie besucht und das waren immer ganz besondere Augenblicke für mich. Taufpatin heißt auf Englisch »Godmother«, und ja, sie war wirklich wie eine zweite Mutter für mich. Sie hat mir auch das gegeben, was meine Mutter mir vielleicht gerne gegeben hätte, aber irgendwie nicht konnte. Meine Mutter hat es zum Beispiel nicht geschafft, mich einfach so in den Arm zu nehmen. Verwöhnt hat sie mich zwar und wollte auch immer nur das Beste, aber – warum auch immer – diese gewisse Herzlichkeit hat ihr gefehlt.

Wenn wir jedoch zu meiner Taufpatin gefahren sind, dann habe ich diese Herzlichkeit erfahren. Diese alte italienische Ordensschwester war eine richtige Matrone, ein bisschen so, wie man sich eine italienische Mama vorstellt (auch wenn das ebenfalls ein Klischee sein mag). Sie war wirklich meine »La Mamma« aus Italien. Wenn sie mich in ihre starken Arme genommen und an ihre Brust gedrückt hat, dann war ich, wie bei meiner Mama, sehr geborgen. Sie hat auch versucht, mich zu verwöhnen, hat mir kleine Geschenke gemacht, zum Beispiel eine kleine Figur eines Schweizer Gardisten. Erst als ich Jahre später als Franziskaner während einer Wallfahrt nach Rom kam und zum ersten Mal die Schweizer Garde gesehen habe, wusste ich, was diese Schwester mir eigentlich als Kind geschenkt hatte.

Und darum war es mir auch so wichtig, dass ich viele Jahre später, als sie nicht mehr lebte, ihr Grab besucht habe. In Gedanken bin ich immer noch mit ihr verbunden, meiner Taufpatin, meiner »La Mamma« aus Italien, der italienischen Ordensschwester, die eigentlich nur durch Zufall eingesprungen ist, weil meine Verwandten eine Panne hatten. Bei Gott gibt es keine Zufälle. Und so hat sie diese Aufgabe mit Herzblut erfüllt.

Danach verlief meine Laufbahn wie diejenige vieler anderer katholischer Kinder: Ich wurde Ministrant in unserer Pfarrei, ich habe dort an den Sonntagen die Messe mitgefeiert, bin auch oft mit meinem Opa unter der Woche in die Kirche gegangen. Danach gab es meistens ein kleines Frühstück in einem Café, das war mir oft lieber als die Messe zuvor. Aber man kann ja das eine mit dem anderen verbinden und so habe ich Glauben als etwas ganz Positives erfahren. Der Glaube hat mich geprägt und diesen Glauben wollte ich leben. Er hat mein Leben verändert, auch das mehr spontan als geplant, denn eigentlich wollte ich ja Medizin studieren. Aber das sollte nun ganz anders kommen.

Ein kleiner Schritt mit großen Folgen: Mein Weg ins Kloster

Nachdem ich die Aufnahmeprüfung für das Medizinstudium abgelegt hatte, kam eine Zeit des Wartens und die kann in Indien manchmal ein wenig dauern. Man weiß nicht, ob man die Prüfung bestanden hat oder nicht, ob man aufgenommen wird oder nicht, ob man das Semester beginnen kann oder nicht.

Irgendwie muss man die Zeit sinnvoll ausfüllen. Manche wählen übergangsweise einen anderen Studiengang, um sich schon einmal in die Universität einzuleben. Zu diesem ganzen Warten kam hinzu, dass ich mitten in der Pubertät war, ich stellte mir ganz viele Fragen, mich selber betreffend, mein Leben betreffend, aber auch, was den Glauben anging. Was für mich bisher klar war, hinterfragte ich: Wer war Jesus wirklich, warum ist er ein Mann, wie ist das mit Gott, wo liegt der wahre Sinn von allem?

Mit der Kirche war ich sehr verbunden, emotional, aber auch räumlich, denn unsere Pfarrei, die gleichzeitig ein Franziskanerkloster ist, war tatsächlich nur einen kleinen Schritt entfernt. Sie lag nämlich auf der anderen Straßenseite, quasi in Sichtweite unseres Hauses. Die St. Anthony Church ist eine der größten katholischen Pfarreien unserer Stadt, mit ihr bin ich aufgewachsen, dort war ich seit meiner Kindheit zu Hause als Ministrant, aber auch in meiner Freizeit. Wir haben Volleyball und Fußball im Hof des Klosters gespielt, so wie es auch viele Jugendliche bei der Jungschar oder bei der katholischen Jugend in Deutschland, der Schweiz und Österreich in ihrer Freizeit tun, nur dass eben alles etwas größer war und ist: Am Sonntag gibt es zehn Messen, zu denen jeweils über 2000 Leute kamen. In einem Land mit 1,3 Milliarden Menschen schauen die Dimensionen eben ein wenig anders aus …

Eines Tages, in der Zeit des Wartens, bin ich, ohne groß zu überlegen, einfach zur Klosterpforte gegangen und habe geläutet. Ein Franziskaner-Pater kam heraus und ich habe ihm gesagt, womit niemand gerechnet hatte: »Ich möchte Franziskaner werden.« Ich hatte eigentlich keine Ahnung, worauf ich mich da einlassen würde. Aber das Medizinstudium schien mir zu dieser Zeit unendlich weit weg, das Warten zermürbte mich und vom Kloster ging eine unglaubliche Anziehungskraft aus. Ich kann nicht genau sagen, ob ich in diesem Moment den Ruf gespürt habe, aber irgendeine Eingebung war es auf jeden Fall, die mich mehr oder weniger spontan hinübergehen und mein Anliegen kundtun ließ. Der Pater war sehr verwundert, denn bisher war aus meiner Stadt noch niemand bei den Franziskanern eingetreten. Es gibt natürlich viele Franziskaner-Brüder in Indien, aus allen möglichen anderen Bundesstaaten und Städten, aber aus meiner Stadt war ich der Erste – und dann auch noch der einzige Sohn meiner Eltern.

Natürlich habe ich die Franziskaner seit Kindertagen gekannt und ein paar Anekdoten aus dem Leben des heiligen Franziskus auch, aber das, was ich in diesem Augenblick getan habe, war wohl die spontanste Entscheidung meines Lebens. Meine Eltern waren ziemlich überrascht und gar nicht erfreut. Ich sollte doch Arzt werden und war ja auch auf dem Weg dahin. Auch, dass ich Priester werden möchte, hätten sie sich vielleicht noch vorstellen können, aber doch nicht Franziskaner! Und das obwohl meine Eltern mit den Franziskanern immer verbunden waren und es bis heute sind: Mein Vater arbeitete ehrenamtlich in der Pfarrei mit und hilft den Franziskanern in vielen Bereichen. Franziskaner waren und sind bei uns regelmäßig zu Gast, zum Beispiel Pater Jude, ein guter Freund meines Vaters, der regelmäßig zu uns kam – und wenn er kam, wurde immer ein Festessen aufgetischt.

Die Vorstellung jedoch, dass ihr einziger Sohn Franziskaner werden sollte, war für meine Eltern so abwegig, dass sie sich nicht so leicht mit dieser Entscheidung anfreunden konnten. Aber es kam, wie es kommen sollte: Eine Woche später war ich im Kloster und mein Weg als Franziskaner begann. Ein Weg mit Folgen, ein Weg, der mich letztlich von Bengaluru nach Wien gebracht hat, aber bis dahin sollte noch einige Zeit vergehen. In Wien würde man sagen: »Bis dahin wird noch viel Wasser durch die Donau geflossen sein.« Bei uns entsprechend »durch den Ganges«, und es stimmt ja, denn Franziskaner wird man nicht vom einen auf den anderen Tag.

Es gibt verschiedene Schritte in der Ordensausbildung. Zuerst durchläuft man das Postulat, da trägt man noch nicht das Kleid der Franziskaner, sondern lebt noch relativ unverbindlich in der Gemeinschaft mit, um sich in den routinemäßigen Tagesablauf einzufinden und das Ordensleben kennenzulernen. Und vor allem, um wirklich zu prüfen, ob das, was man sich vorgenommen hat, auch wirklich die richtige Entscheidung ist.

Dieses Postulat dauert ein Jahr, erst danach entscheidet man sich, einen weiteren Schritt zu machen, und diese Entscheidung geht von zwei Seiten aus: Man selber muss sich entscheiden, denn niemand zwingt einen, letztendlich in ein Kloster einzutreten. Aber auch die Gemeinschaft trifft eine Entscheidung, nämlich ob sie den neuen Bruder akzeptiert oder ob sie das Gefühl hat, dass dieser Weg für den Betreffenden vielleicht doch nicht der richtige ist. Das Postulat ist also ein gemeinsamer Weg der Findung und Klärung der Berufung.

In meinem Postulat gab es eine sehr prägende Begebenheit, nämlich die Geschichte, wie ich die Angst vor der Dunkelheit überwunden habe: Gemeinsam mit den anderen Postulanten haben wir oft zusammen Sport gemacht, einmal fiel ich dabei hin und das Resultat war eine ziemlich hässliche Schürfwunde. Der Magister meinte, ich sollte mich lieber gegen Tetanus impfen lassen. »Nimm dir ein Fahrrad und radle ins Krankenhaus«, sagte er. Nur war dieses Krankenhaus zehn Kilometer entfernt, und es war bereits später Nachmittag. Die Fahrt dorthin war sehr schmerzhaft, und im Spital musste ich noch über eine Stunde warten, bis ich versorgt wurde. Kurz und gut, es war bereits dunkel, als ich die Fahrt zurück antreten konnte. Ich kannte mich nicht gut aus, verfuhr mich immer wieder, und außerdem kam dann die Angst vor der Dunkelheit über mich. Und auf einmal geschah dieses Wunder – ein Wort, mit dem ich, wie gesagt, nicht leichtfertig umgehe. Doch es tauchten unzählige Glühwürmchen auf und leuchteten mir auf dem Weg. Ich fuhr nicht einfach durch einen Schwarm, nein, sie begleiteten mich, bis ich sicher im Seminar ankam. Die Erinnerung, wie sie mir den Weg zeigten, werde ich immer in meinem Herzen tragen! Ich konnte die ganze Fahrt genießen, denn ich besiegte dabei meine Angst vor der Dunkelheit.

Ich bin mir sicher, dass jedes Kind auf dieser Welt etwas hat, was ihm Sorgen und Angst bereitet. Die Auswirkungen dieser Sorgen nehmen wir dann bis ins Erwachsenenalter mit. Wie schön, wenn wir durch eine positive Auflösung Heilung finden! Bei mir waren es die Glühwürmchen. Wer weiß, ob sie auch deshalb kamen, weil ich Tiere, egal welche, schon immer geliebt habe?

Auf das Postulat folgt dann das Noviziat, aber dazu muss man, wie beschrieben, zugelassen werden. Das Ausbildungsgremium entscheidet, ob jemand diesen Weg weitergehen darf oder nicht. Der Pater, der damals diese Entscheidung zu treffen hatte, meinte, ich sei zu kindisch und noch nicht reif genug. Deshalb wolle er mich nicht ins Noviziat aufnehmen. Mein damaliger Provinzial, Pater Sindney, aber setzte sich für mich ein und entschied, dass ich diesen Weg weitergehen darf. Er wiederum war der Meinung, dass der Pater, der mich abgelehnt habe, selber kindisch und noch unreif sei.

So wurde ich also zugelassen und erkenne bis heute immer wieder, wie unterschiedlich Gottes Wege zu denen der Menschen sind. Es hätte alles ganz anders kommen können, dann wäre ich jetzt nicht hier und würde diese Zeilen über mein Leben nicht schreiben.

Das Jahr des Noviziats ist ziemlich geschlossen, man fährt in ihm nicht nach Hause, nicht weil man eingesperrt sein soll, sondern weil man sich wirklich die Zeit nehmen soll, diesen Weg zu prüfen. Es ist ein sehr entscheidender und ganz neuer Schritt im Leben eines Menschen. Dieser Schritt beginnt mit der sogenannten Einkleidung, man bekommt das Ordenskleid, den Habit. Dieses Wort kommt vom lateinischen Habitus, was Gewohnheit heißt, aber auch mit Wohnen zusammenhängt. Denn das braune Kleid, das durch das Zingulum – den weißen Strick mit drei Knoten – zusammengehalten wird und das der heilige Franziskus für sich ausgewählt hat, drückt viel von dieser Lebensentscheidung aus.

Die drei Knoten am Zingulum erinnern uns an die drei Versprechen, die wir ablegen. Das Prinzip ist so ähnlich, wie wenn man sagt, man müsse sich einen Knoten in sein Taschentuch machen, damit man etwas nicht vergisst. So haben auch wir drei Knoten, um das Wichtigste nicht zu vergessen. Im Noviziat lernt man dann auch intensiv, was diese drei Knoten bedeuten, nämlich ein Leben in Armut, Gehorsam und Ehelosigkeit.

Armut bedeutet nicht Elend, unsere Armut hat nichts mit der Armut der Menschen in den Slums zu tun oder der Armut der Bettler, die ich schon als Kind am Straßenrand gesehen habe und denen man eine halbe Rupie gegeben hat und damit glücklich war. Solche Armut ist nicht damit gemeint. Unser Begriff von Armut ist gleichzusetzen mit »Freiheit«, denn wer wenig besitzt, ist zu wenig verpflichtet. Das mag etwas seltsam anmuten in unserer Gesellschaft, in der wir immer mehr Besitz anhäufen und in der wir unseren Status über das, was wir unser Eigentum nennen, definieren. Gleichzeitig merken immer mehr Menschen wie sehr sie das Gewicht dieses Besitzes niederdrückt, wie schwer es als Last auf den Schultern wiegt. Als Franziskaner setzen wir ein Statement: Ein Leben in Einfachheit ohne viel Besitz macht uns frei und leicht, lässt uns ungebunden entscheiden.

Der zweite Punkt – ein Leben im Gehorsam – ist nicht im Sinne von militärischem oder gar Kadavergehorsam gemeint. Wir sind ja nicht bei der Armee, wo einer Befehle gibt und alle anderen blind folgen sollen. Es geht um ein Hören, ein Hören auf das, was Gott will, aber auch auf das, was er mir durch

Menschen sagen will – Menschen, denen ich anvertraut bin. So wie sich der junge König Salomo von Gott ein hörendes Herz wünscht, so leben auch wir Franziskaner danach, unsere Herzen weit und offen zu machen.

Der dritte Knoten ist wohl am schwersten zu verstehen, ein Leben in Ehelosigkeit. Ja, wir verzichten auf eine Ehepartnerin, auf eigene Kinder, auf eine eigene Familie, denn wir wollen offen sein für die große Familie der Menschheit, die uns anvertraut ist. Wer behauptet, er hätte damit keine Probleme, der lügt sicher, denn jeder Mensch kommt – meiner Meinung nach – früher oder später an einen Punkt im Leben, an dem er sich fragt, welchen Stellenwert eine eigene Familie ausmacht. Es gab Zeiten, in denen auch ich verliebt war und mich nach einer Familie gesehnt habe, ganz klar! Aber dann erkenne ich auch oft, dass ich ganz vieles, was ich jetzt tue, mit einer Familie niemals tun könnte. Auch wenn mir eine eigene Familie zwischendurch gefehlt hat, bin ich inzwischen zufrieden so wie es ist.

Im Noviziat studiert man natürlich auch die Ordensregel des heiligen Franziskus, die Briefe die er geschrieben hat, sein Leben, sein Vorbild, man erfährt, wie die Franziskaner im Laufe der Geschichte gelebt haben. Aber man lernt nicht nur über das Leben und die Texte des heiligen Franziskus, man lernt nicht nur Regeln und Gebote auswendig, sondern man wird eingeführt in ein Leben, das durch gewisse Strukturen geprägt ist. Unser Leben ist zum Beispiel durch das Gebet geprägt: Wir beginnen frühmorgens – in Indien aufgrund der Temperaturen früher als in Europa – und verbringen viel Zeit miteinander, aber doch jeder für sich, immerhin ist jeder auch noch ein Individuum und hat Zeit für sich.

Der Tag ist strukturiert durch die drei Hauptgebetszeiten, er beginnt mit dem Morgengebet, den Laudes, danach feiern wir die heilige Messe, mittags beten wir die Sext – dieses Gebet heißt so, weil nach der alten Zeitrechnung die sechste Stunde, die »Ora Sexta«, dem entspricht, was heute 12 Uhr mittags ist. Am Abend beten wir die Vesper.

Diese Gebete befinden sich im sogenannten Brevier, oder Stundenbuch, dem Gebetbuch der Priester und Ordenschristen. Natürlich gibt es auch Zeiten für die Meditation und Betrachtung sowie das Studium. Die Mahlzeiten nehmen wir gemeinsam ein. Im Noviziat verbringt man die meiste Zeit gemeinsam, wir haben nicht nur zusammen gebetet und gelernt, wir haben gemeinsam im Garten und im Kloster gearbeitet, geputzt, die Kirche geschmückt, Feste vorbereitet, wir haben gemeinsam Sport getrieben und die Freizeit verbracht. Im Noviziatsjahr ist das Leben auch ein wenig strenger geregelt als später im »normalen« Ordensleben, zum Beispiel geht abends um 22 Uhr das Licht aus.

Insgesamt eine intensive Zeit der Prüfung und der Klärung, eine Zeit, die nicht immer einfach war, in der ich auch manchmal gedacht habe: Jetzt packe ich die Koffer, fahre zurück nach Hause und werde doch Arzt! Tatsächlich habe ich die Koffer oft gepackt, aber nur um entweder auf Urlaub zu meiner Familie zu fahren oder um von einem Kloster ins andere zu wechseln. Nie aber um den Weg zu verlassen, für den ich mich entschieden hatte – nämlich nach dem Beispiel des heiligen Franziskus Jesus nachzufolgen und für die Menschen da zu sein.

Nach dem Noviziat habe ich dann doch noch ein Studium begonnen, aber die Fächer waren Philosophie und Theologie. Ich war in verschiedenen Bundesstaaten, musste verschiedene Sprachen lernen, bin von hier nach dort gereist, war an verschiedenen Orten, ja es war eine bewegte Zeit in der ich vieles erfahren und erlebt habe. Das Theologiestudium in Indien unterscheidet sich nicht großartig von dem in den meisten Ländern der Welt, normalerweise sind es in Indien drei Jahre Philosophie und drei Jahre Theologie. Bei mir war aber der Ablauf ein wenig anders, denn nach dem philosophischen Teil meines Studiums habe ich zuerst Musik studiert – indische Musik!

Manchmal ist es so, dass man zu einer Sache kommt wie »die Jungfrau zum Kinde« und so war es hier auch bei mir. Ich bin zwar von Musik begeistert und mittlerweile selber Musiker, aber mit indischer Musik hatte ich damals nicht so viel am Hut, darum will ich hier auch nicht die ganze komplexe Geschichte der indischen Musik erklären, die verschiedenen Tonleitern und Traditionen – es war jedenfalls sehr mühselig und nicht unbedingt das, was ich mir vorgestellt hatte. Mein Musikgeschmack und meine Talente haben sich von dem, was in der indischen Musik gelebt wird, einfach zu sehr unterschieden. Letztendlich habe ich ja auch erkannt, dass dies nicht mein Weg ist. In der indischen Musik geht es um Hymnen und Mantren, die zu Ehren der verschiedenen Gottheiten gesungen werden. Aber nun gut, ich habe trotzdem dieses Studium fortgeführt und beendet, ich habe auch meinen Bachelor in indischer Philosophie abgelegt, obwohl ich vielleicht nicht der große Philosoph in der Theorie bin, mir geht es eher um die Philosophie, die das Leben schreibt, die möchte ich vermitteln.

Nach diesen verschiedenen Studiengängen, die so »dazwischengerutscht« sind, habe ich dann mein Theologiestudium beendet, an dessen Ende die Weihe zum Diakon stand, worauf dann später die Priesterweihe folgt. Vor diesen beiden Weihen gibt es innerhalb des Ordens noch einen weiteren Schritt, man entscheidet sich, die ewige Profess oder, wie man auch sagt, die ewigen Gelübde abzulegen. Das bedeutet, man entscheidet sich dazu, sein ganzes Leben als Franziskaner in der Gemeinschaft der Brüder nach der Regel des heiligen Franziskus zu leben. Eine Entscheidung, die ziemlich weitreichend ist, aber, ehrlich gesagt, wir alle müssen doch große Entscheidungen treffen. Oft wird man als Ordenschrist gefragt, ob man so ein Versprechen überhaupt ablegen kann, etwas für das ganze Leben zu versprechen scheint doch sehr lang.

Ich argumentiere dann meistens, dass man bei der Hochzeit ja auch etwas für ein ganzes Leben verspricht – nämlich Liebe. Wie kann man wissen, dass diese Liebe hält? Niemand weiß, was und ob etwas dazwischenkommt, das Leben kann immer etwas Neues und anderes bringen. Aber es geht um eine grundsätzliche Entscheidung. Um Vertrauen und um einen Weg, für den man sich entscheidet. Irgendwann muss man ein Wagnis eingehen. Ich bin dieses Wagnis eingegangen und gehe diesen Weg nun schon seit über 20 Jahren. Es ist nicht immer ein leichter Weg, aber er ist spannend und voller Überraschungen.

Nach meiner Priesterweihe habe ich dann in unserer Pfarrei, also nur ein paar Schritte von meinem Elternhaus entfernt, als Kaplan gearbeitet. Ich habe unzählige Taufen, Hochzeiten und Begräbnisse gehalten, ich habe Kinder auf die Erstkommunion und die Firmung vorbereitet und natürlich die vielen täglichen und sonntäglichen Gottesdienste gefeiert. Ich war eigentlich die ganze Zeit unterwegs: Mit meinem kleinen Motorrad bin ich zu den Familien unserer Pfarrei gefahren und habe sie besucht, ich war oft eingeladen, habe viele Menschen auf ihrem Weg mit und zu Gott begleitet, manchmal war es schon fast ein wenig zu viel, aber es hat mir große Freude bereitet, vor diesen vielen Menschen zu stehen und mit ihnen auch neue Wege zu gehen. Manchen war ich dabei ein wenig zu progressiv, wenn ich Experimente in der Kirche gemacht habe: Zum Beispiel habe ich einmal mit Kindern Tauziehen als Predigtbeispiel veranstaltet oder einen Operationssaal in der Kirche nachgebaut.

In meiner Heimatpfarrei war es ziemlich aufregend und in ihr war ich dann tätig bis zu dem Tag, als Pater Oliver nach Indien kam und mein Leben sich von Grund auf verändern sollte. Bevor ich aber über meinen Weg nach Wien erzählen werde, möchte ich noch auf die Liebe zur Musik eingehen – und wie sie in mir erwacht ist.

Musik:
Mein Leben bekommt
eine Melodie

Einige von Ihnen werden mich vielleicht wegen meiner YouTube-Videos kennen. Dadurch werde ich natürlich automatisch mit Musik in Verbindung gebracht, und Musik ist auch etwas ganz Wichtiges in meinem Leben. In der indischen Philosophie gibt es 64 Stufen zu Gott, sie helfen dem Menschen ganz und mit voller Konzentration in der Gegenwart zu sein. Dazu gehören etwa Tanz, Malerei, Bogenschießen und vieles mehr. Die letzte Stufe umschließt Politik, aber die erste all dieser Stufen ist Musik.

Natürlich haben alle Stufen ihre Berechtigung und helfen einem – »richtig praktiziert« –, den Weg zu Gott schnell zu finden. Aber ich habe vor allem diese erste Stufe gewählt. Der Grundstein dafür war aber nicht von Anfang an gelegt, ich komme ja eigentlich aus einer Familie, die überhaupt nicht musikalisch ist. Der einzige, der musische Begabung besaß, war mein wunderbarer, origineller Großvater. Meine Eltern jedoch konnten nicht einmal überzeugend singen, obwohl sie bei unseren abendlichen Gebeten immer wieder irgendwelche

Versuche starteten – die aber jedes Mal in einem Desaster endeten.

Zu Hause haben wir also nicht selbst musiziert, aber wir haben immerhin unseren Kassettenrekorder eifrig benutzt. Ich komme ja aus einer Generation, in der es noch keine CD-Player, geschweige denn Musik als Downloads, so wie heute, gab. Auf dem guten altmodischen Kassettenrekorder haben wir unendlich viele verschiedene Lieder gehört. Ganz besonders prägend waren Zeiten wie Weihnachten: Ständig liefen die ganzen englischen Weihnachtsklassiker, zum Beispiel das unvermeidliche »Marys Boychild Jesus Christ« von Boney M. und so weiter. Nicht zu glauben, aber diese Lieder habe ich schon als kleines Kind auswendig gekonnt und mitgesungen. Eine richtige musikalische Ausbildung habe ich damals jedoch nicht genossen. Die Stunden beim Harmoniumlehrer, zu dem mich mein Opa vermittelte, klammere ich hier getrost aus.

In der vierten Klasse habe ich dann selbst einen Versuch gestartet. In dieser Zeit hatte ich zum ersten Mal eine Gitarre in der Hand. Sie gehörte einem Klassenkameraden, der darauf genau ein Lied spielen konnte, was er auch tat, immer und immer wieder, wie in einer Endlosschleife. Es war vermutlich reine Notwehr, dass ich mir die Gitarre von ihm ausborgte. Ich kann nicht behaupten, dass es Liebe auf den ersten Blick war. Die straffen Saiten taten mir in den Fingern weh, die seltsamen Griffmuster waren ein einziges Rätsel. Nach einer Weile gab ich meinem Klassenkameraden die Gitarre zurück. Warum die Mühe, dieses komische Instrument zu erlernen? Wo es da draußen doch Fußball gab, Kricket und Badminton! Meine Mutter ermunterte mich aber, dranzubleiben und das Instrument richtig zu lernen, denn es gab an unserer Schule einen Gitarrenlehrer, der mir diese Chance bieten konnte. Aber dieser Lehrer! Anders als der Harmoniumlehrer, der mich mehr oder weniger klimpern ließ, war der Gitarrenlehrer streng. Ach was, nicht streng war er, er war superstreng! Und die Saiten taten noch immer weh. Das Ganze machte null Spaß! Trotzdem setzte ich mich fast schon trotzig mit dem Instrument in der Hand auf den Balkon und spielte die wenigen Griffe, die der eiserne Lehrer mir mühsam beigebracht hatte, rauf und runter.

Letztendlich war dieser Versuch, Gitarre zu lernen, aber auch nur von kurzer Dauer – und von wenig Erfolg gekrönt. Viele Jahre später, während meiner schulischen Laufbahn, habe ich dann einen zweiten Versuch gestartet, dieses Mal versuchte ich mich am Singen. Als ich in die zehnte Klasse kam, wurde ein Chor zusammengestellt für die Feierlichkeiten rund um den Advent. Ich war gerade 16 Jahre alt, die Hormone klopften eifrig an und im Chor gab es ein paar wirklich hübsche Mädchen. Auf einmal war Musik wieder toll! Ruckzuck war ich Mitglied im Chor. Der Aufforderung des Chorleiters, laut zu singen, kam ich ohne Widerrede nach. Wie sollte ich sonst bei den Mädchen Gehör finden? Doch nur, wenn ich laut sang! Und so sang ich. Laut und falsch. Und fand es trotzdem schön! Mehr Ambitionen, als dass die Mädchen auf mich aufmerksam wurden, hatte ich ja auch erstmal nicht.

So richtig und ernsthaft losgegangen ist es mit der Musik eigentlich erst, als ich in den Orden eingetreten bin, und zwar im Postulat. Ich habe schon erzählt, wie das Postulat aussieht und worauf es darin ankommt. Singen gehörte essenziell dazu, denn viele unserer Gebete werden gesungen, und es war für jeden meiner jungen Mitstreiter eine Ehre, wenn er als Vorsänger ein Lied oder einen Hymnus anstimmen durfte. Da wollte ich natürlich auch dabei sein, darum habe ich wieder einmal mein Glück versucht, es aber wieder einmal zunächst nicht gefunden …

Mein Leiter im Postulat war ein musikalisch begabter Mensch, er hat einen Chor geleitet und so bin ich einmal zu einer Chorprobe gegangen. Er hat mir die Tonleiter vorgesungen und mich gebeten, das Gehörte zu wiederholen. Ich bin kläglich gescheitert. Schon die indische Tonleiter hoch- und runterzusingen, schaffte ich nie gut, aber auch auf dieser Leiter kam ich nicht einmal die ersten drei Stufen hoch. Dann krächzte meine Stimme schon wieder nach unten. Ich musste die Chorprobe verlassen.

Meine Mitbrüder von damals lachen heute darüber, denn es ist ja auch wirklich erstaunlich, wie aus mir dann doch ein echter Sänger und Musiker geworden ist, obwohl ich doch, ganz im Gegensatz zu ihnen, noch nicht einmal im Chor ordentlich mitsingen konnte.

Nun ja, die Musik hat mich trotzdem nicht losgelassen und auch die Gitarre blieb mir treu. Und ich ihr. Zumal meine Liebe zur Gitarre ihren Grund dann noch in einer ganz besonderen Begebenheit findet: Während des Postulats verliebte ich mich in ein Mädchen und dachte darum, ich sollte vielleicht mal wieder zur Gitarre greifen. Ein Mit-Postulant spielte gut und inspirierte mich, es ebenfalls wieder zu versuchen. Allerdings hatte die Gitarre, die mir zur Verfügung stand, nur vier Saiten, also zwei zu wenig. Davon ließ ich mich nicht abschrecken. Sechs Monate lang quälte ich das arme Instrument und meine Mit-Postulanten mit Versuchen, aus der viersaitigen Gitarre so etwas wie Musik zu zaubern. Es hätte ein Wunder gebraucht, um das zu schaffen. Dafür geschah dann ein anderes (kleines) Wunder: Unser Direktor, der meine Bemühungen all die Zeit ungerührt verfolgt hatte – vermutlich hatte er so gut wie möglich weggehört – machte sich eines Tages auf den Weg in die nächste Stadt und kam mit einem Satz Saiten zurück. Als ich sie aufgezogen hatte, konnte ich nochmals von vorne beginnen, denn die jetzt sechssaitige Gitarre kam mir vor wie ein neues, unbekanntes Instrument.

Wenn ich heute auf diese Zeit zurückblicke, staune ich, wie standhaft ich geblieben bin. Nach und nach nahm die Musik ihren Platz in meinem Leben ein. Sie tat es nicht laut und krachend, nach dem Motto, hier bin ich, jetzt fang was mit mir an! Nein, sie bewegte sich bescheiden, fast schon schüchtern, geradezu fließend in mein Dasein hinein – ähnlich wie Gott und Jesus es taten. Im Nachhinein ist mir klar, dass sich das auch nicht trennen lässt. Gott kam in mein Leben wie die Musik: Immer nur in den Schritten, die ich zuließ. An der Musik kann ich das gut festmachen: Ich griff immer wieder zum Instrument und konnte nach Ende des Jahres ein wenig spielen. Doch niemand hatte mir den Weg gezeigt; er tat sich von selbst auf. Ich war Autodidakt und hatte oft das Gefühl, ich verschwende meine Zeit. Geht es uns mit Gott nicht manchmal auch so? Dann blicken wir irgendwann auf unser Leben zurück, wie ich es gerade tue, und stellen dabei fest, dass keine Minute und keine Sekunde, die wir mit Gott verbracht haben, verschwendet war.

Deswegen kam auch irgendwann der Punkt, an dem ich unbedingt durchsetzen wollte, mich weiter mit Musik beschäftigen zu dürfen. Das Ergebnis war zunächst, dass man mich dann zu diesem indischen Musikstudium verdonnert hatte. Dass es nicht wirklich von Erfolg gesegnet war, habe ich ja bereits erzählt. Zu dieser Art von Musik und ihrer Tradition habe ich einfach keinen Zugang gefunden.

Der erste »Durchbruch« kam dann durch einen koreanischen Mitbruder, Pater Rufino. Er arbeitete in der Bewegung für Gerechtigkeit, Frieden und Bewahrung der Schöpfung, die ein wichtiger Teil unseres Ordens ist. Er war es, der mir irgendwann eine richtige Gitarre mitgebracht hat, dazu noch ganz viele Noten. Ich hatte ein bisschen Geld angespart und auch etwas von Freunden und der Familie dazubekommen, sodass ich diese Gitarre bezahlen konnte und dann habe ich ernstlich angefangen. Einfach als Autodidakt, ich habe Tag und Nacht gespielt. Meine Vorgesetzten waren fast schon ein wenig verärgert, denn sie meinten, ich hätte über dem ganzen Gitarrenspiel schon längst alle Theologie und Philosophie vergessen. Selbst in der Nacht habe ich gespielt und geübt – obwohl das ja aufgrund der Nachtruhe gar nicht erlaubt war …

Schließlich ist es nicht nur bei der Gitarre geblieben, ich habe auch angefangen, Mundharmonika zu üben und Flöte zu spielen. Ich habe verschiedene Instrumente ausprobiert, darunter auch traditionelle indische Trommel, die Tabala. Meine Ordensoberen haben dann, nachdem mein Versuch, die indische Musik zu studieren, ja gescheitert war, vorgeschlagen, es doch mit der klassischen europäischen Musik zu versuchen. Also habe ich mit einem Fernstudium begonnen, von Bengaluru ging es via Internet nach London und ich habe angefangen, Klavier zu lernen.

Ich habe dieses Studium bis zum vierten Abschlussgrad geschafft, aber meine ureigenste Melodie, die Melodie meines Lebens, hatte ich immer noch nicht gefunden. Trotz der Experimente, die ich wagte, trotz meines Mutes, mich auszuprobieren, waren die Instrumente nicht der richtige Weg, mich selbst ausdrücken zu können. Nach wie vor war ich auf dem Weg, herauszufinden, wie ich das rüberbringen konnte, was in mir vorgeht …

Trotzdem blieb Musik ab jetzt meine große Leidenschaft. Ich habe mich immer mehr der Musik gewidmet, habe in der

Kirche bei den Gottesdiensten gespielt und gesungen, habe die Messen begleitet, viel mit Kindern gesungen und musiziert und all das hat den Leuten sehr gefallen und imponiert. Wenn ein Priester die Choräle singt – wenn auch nicht ganz professionell –, entsteht eine schöne, getragene Stimmung. Und so haben meine Mitbrüder und ich den Gläubigen in der Kirche sehr viel Freude bereitet und auf diese Weise wurde ich mehr und mehr zum Sänger und Gitarrenspieler.

Auf dem Cover meines Buches steht aber doch, dass ich Hip-Hopper sei, werden Sie jetzt einwenden, aber was haben Hip-Hop und Gitarre eigentlich miteinander zu tun? Das passt doch gar nicht zusammen? Bei Gitarre denkt man eher an Pfadfinder beim Lagerfeuer oder eine Jungscharrunde, an Erzieherinnen, die mit ihren Kindergruppen spielen, vielleicht noch an einen spanischen, klassischen Flamenco – aber Hip-Hop und Gitarrenspieler? Und dann auch noch Franziskaner …

Vermutlich hat all das mit meiner Heimat zu tun. Meine Heimat, die so irgendwie zwischen den Welten segelt. Unser Bundesstaat ist zwar ein ziemlich großer und unsere Hauptstadt mittlerweile eine der größten Städte in Indien, aber trotzdem war unser Volk – jene, die wirklich aus Karnataka stammen und die Sprache dieses Landes Kannada gesprochen haben – immer unterdrückt. Die Nachbarstaaten mit ihren Sprachen und Kulturen und ihrer Geschichte waren einfach durchsetzungsstärker als wir; das fing schon damit an, dass wir keine Priester hatten, die unsere Muttersprache gesprochen haben. So kamen Priester von auswärts und wir mussten uns auf Englisch verständigen oder ihre Sprachen übernehmen. Noch nicht einmal die Bibel gab es in unserer eigenen Sprache, aber dieses Phänomen hat nicht nur die Kirche und die Religion betroffen, das hat das ganze kulturelle Leben durchdrungen: Kannada als Sprache spielt einfach keine große Rolle. Hindi kennt man, vielleicht noch Bengalisch oder die alte Sprache Sanskrit. Wer sich ein bisschen auskennt, weiß, dass man in Indien noch Tamil spricht und Malayalam, aber jene, die wirklich aus Karnataka stammen und die Sprache dieses Landes gesprochen haben, sind zeitlebens unterdrückt worden.

All das hat etwas ausgelöst in der Bevölkerung, eine gewisse Protesthaltung, die in den Slums von Bengaluru ihren Anfang nahm. Slums solchen Ausmaßes wie in Bombay oder Kalkutta gibt es hier zwar nicht, aber es gibt sie doch, diese Armenviertel, diese Kluft zwischen Arm und Reich und noch dazu diese Kluft zu den anderen Völkern, die uns in unserem eigenen Staat dominieren wollten.

Die junge Generation, vor allem in den Slums, wollte zeigen, dass sie auch für etwas steht, dass sie etwas zu sagen hat. Wenn man jung ist, wenn man etwas sagen will, dann bedient man sich häufig sehr starker Begriffe und Worte. Und Rap und der Hip-Hop – die bieten sehr ausdrucksstarke Möglichkeiten dazu. Beim Rappen, da kann man rauslassen, was man im Herzen fühlt, auch wenn es mal grob oder derb daherkommt. Ich bin kein Revolutionär, aber ich wollte immer auf die Missstände aufmerksam machen, die es gab und die mich umtrieben. Und darum habe ich plötzlich entdeckt, dass Rap und Hip-Hop auch für mich eine Möglichkeit sein können, um dem, was mir am Herzen liegt, Ausdruck zu verleihen.

Unser Ordenskleid eignet sich ziemlich gut, um als Rapper aufzutreten. Das mag etwas ungewöhnlich klingen, aber es hat doch eine gewisse Ausstrahlung. Manche Rapper in den Vereinigten Staaten ahmen liturgische Kleidung nach, um zu provozieren oder damit Aufsehen zu erregen. Das war natürlich nicht mein Beweggrund, aber es unterstützt und verstärkt meine Aussagekraft. Ein Franziskaner in der braunen Kutte mit der Basketball-Kappe, der rappt und Hip-Hop singt! Vielleicht bringt mir das doch einen gewissen Vorteil, nämlich, dass man mir anders zuhört, als wenn so ein Franziskaner fromm mit gefalteten Händen am Altar steht und einen schönen Psalm oder ein traditionelles Kirchenlied singt.

Natürlich will ich, dass man mir zuhört und meine Botschaft rüberkommt, und dazu hilft es, wenn man die Erwartungshaltung ein bisschen aufsprengt. Noch während meiner Zeit in Indien habe ich dann begonnen, mich über Rap und Hip-Hop auf YouTube auszudrücken, habe erste Verwirklichungsschritte getan. Aber bis der wirkliche musikalische Durchbruch kam, das war noch ein langer Weg und der hat eigentlich erst etwas später in Österreich so richtig Fahrt aufgenommen.

Hip-Hop ist die Melodie, die ich für mich entdeckt habe, die Melodie, die meinem Leben Klang verleiht. Klar wird mich die Gitarre mein Leben lang begleiten und ihm ebenfalls Klang verleihen. Aber letztendlich habe ich die für mich richtige Mischung meiner musikalischen Ausdrucksweisen gefunden!

Wie ich wirklich nach Österreich kam

Am Anfang des Buches habe ich Ihnen ja von der Frage erzählt, die mir ganz viele Menschen immer wieder stellen: »Wie bist du eigentlich nach Österreich gekommen?« Schwimmen, das haben Sie auch schon gelesen, kann ich nicht wirklich, sonst wäre ich als Kind nicht fast ertrunken. Mit dem Fahrrad oder mit meinem kleinen Motorrad ist Österreich auch ein bisschen weit entfernt, also wie? Mit dem Flugzeug also.

Aber natürlich bin ich nicht einfach in ein Flugzeug gestiegen und nach Österreich geflogen, eine plötzliche Erscheinung wie die »Bezaubernde Jeannie« aus der Lampe, die aus dem Nichts auftaucht. Die Geschichte, wie ich nach Österreich gekommen bin, hängt mit verschiedenen Ereignissen zusammen.

In der Pfarrei in Bengaluru, der St. Anthony Church, war ich sehr eingespannt, manchmal war es schon fast zu viel, was dann auch meine Vorgesetzten gemerkt haben. Man hat mir deswegen vorgeschlagen, eine Fortbildung zu machen, irgendein weiteres Studium, in das ich mich vertiefen kann, um Ruhe in mein Leben zu bringen. Ständige Fort- und Weiterbildung ist etwas sehr Wichtiges im Orden und so habe ich darauf bestanden, diese neuerliche Fortbildung unbedingt im Bereich der Musik zu machen. Was anderes kam für mich zu dem Zeitpunkt gar nicht mehr infrage.

So schnell und einfach wie gedacht, ging das dann aber nicht, denn in Indien waren meine Studienmöglichkeiten ausgeschöpft. Gottes Wege aber sind unergründlich und so hat sich durch einen Zufall plötzlich ein neuer Weg aufgetan: Der Provinzial der österreichischen Franziskaner, Provinz Austria, Pater Oliver, kam in Begleitung eines indischen Mitbruders, Pater Bala – der schon einige Zeit in Österreich studiert hat –, zu Besuch nach Indien. Er wollte einfach die Provinz von Pater Bala kennenlernen und auch einige Projekte besuchen, die die Missionszentrale finanziell unterstützt hat – zum Beispiel unser neues philosophisches Studienhaus.

Gleichzeitig wollte Pater Bala endlich einmal wieder seine Familie sehen. So haben sich Pater Oliver und Pater Bala nach Indien aufgemacht, um unsere franziskanische Ordensprovinz zu besuchen. Es ist eine ziemlich große Provinz: Um die verschiedenen Klöster, Gemeinschaften und Projekte zu besuchen, muss man weit herumreisen. Das Gebiet erstreckt sich von Kaschmir bis zum südlichsten Punkt Indiens, eine Strecke also von gut 3500 Kilometern, in etwa so weit wie in Europa einmal von Dänemark bis ins Mittelmeer hinter Malta. Pater Oliver konnte natürlich nicht alleine durch dieses große Land reisen, bei einigen Reisen hat ihn Pater Bala begleitet, aber der wollte die Zeit natürlich auch nutzen, um Zeit mit seiner Familie zu verbringen. Also hat mein damaliger Provinzial, Pater Babu, entschieden, dass ich derjenige sein sollte, der mit Pater Oliver durch das Land fährt. Er wollte mir damit auch die Gelegenheit bieten, endlich mal Urlaub zu machen und zur Ruhe zu finden. Eigentlich hatte ich in meinem ganzen Leben noch nie

Urlaub gemacht, viele Gebiete in Indien habe ich überhaupt nicht gekannt, sodass ich am Ende nicht nur als Begleiter von Pater Oliver unterwegs war, sondern auch ein Stück weit als Tourist im eigenen Land. Endlich konnte ich einmal Zeit für mich haben, Neues entdecken und kennenlernen!

Auf so einer langen Reise redet man natürlich viel miteinander und man lernt sich auch intensiver kennen als in anderen Alltagssituationen. Wir haben viel erlebt und gelacht, aber manchmal kamen wir auch in brenzlige Situationen. Man hatte Pater Oliver zum Beispiel vor den Schlangen in Indien gewarnt, die im Gelände nicht auffallen und die er häufig tatsächlich nicht gesehen hat, aber nie Schaden davontrug. Ironie des Schicksals, denn Jahre später bei einer Wanderung in seiner eigenen Heimat in Osttirol wurde er von einer Kreuzotter gebissen …

Wir haben auch mulmige Gefühle miteinander geteilt, zum Beispiel, als wir die zerschossenen Panzer in Kaschmir gesehen haben. Die indische Küche war ebenfalls ein ziemliches Abenteuer und eine Umstellung für Pater Oliver, er hat ordentlich abgenommen. Ich hingegen habe später in Österreich zugenommen, zwischen schmackhaftem Speck und feurigem Curry gibt es ja dann doch erhebliche Unterschiede … Pater Oliver und ich haben Gottesdienste zusammen gefeiert, er hat die Messe auf Englisch zelebriert, ich habe in der Muttersprache gepredigt und gesungen. Er hat gesehen, wie ich mit den Kindern und den Menschen umgehe, und er hat vor allem gespürt, dass ich ein Talent für Musik habe.

Eines Abends, als wir ganz im Norden des Landes waren und mitten in der Nacht unter dem Sternenhimmel standen, da hat er mich einfach angesprochen, ob ich nicht nach Europa kommen wollte. Auf diese Weise könne man doch die Idee von Pater Babu, dass ich klassische europäische Musik studieren solle, aufgreifen – und zwar an Ort und Stelle in Europa. Welchen sinnigeren Ort gäbe es wohl für ein solches Vorhaben als Österreich? Salzburg, schwärmte Pater Oliver, wo er als Provinzial gelebt habe, sei genau der richtige Ort für mich. Salzburg, die Stadt der Musik, die Stadt Mozarts, aber überhaupt Österreich als das Land der klassischen Musik, zwischen Strauß und Walzer, das Land der Opern und Operetten!

Kurzum: Ich war begeistert. Und so kam es, dass ich mich auf den Weg gemacht habe. Ich bin mit Pater Oliver ins Flugzeug gestiegen und hatte ein völlig neues Gefühl dabei als bei all meinen Flugreisen zuvor. Es ist etwas ganz anderes, als im eigenen Land von einem Bundesstaat in einen andern zu fliegen – bei der Größe Indiens ohnehin völlig normal, sich für das Flugzeug zu entscheiden. Einmal war ich auch im Heiligen Land auf einer Wallfahrt mit meinen Eltern, also weit weg von zu Hause, aber diese Reise jetzt war eine völlig andere. Hier ging es nicht um eine Reise zu einem anderen Kloster in der eigenen Provinz oder um eine überschaubare, zweiwöchige Wallfahrt. Jetzt ging es um eine Reise, die meinem Leben eine neue Richtung verleihen würde. Ein ganz anderes Ziel, ein Aufbruch, der mich ans andere Ende der Welt und in eine ganz neue Welt und Kultur führen sollte.

So einfach, wie man in ein Flugzeug einsteigt, so schwer ist es dann, auszusteigen und ganz neu zu beginnen. Es war der Neubeginn in einer anderen Welt.

Aller Anfang ist schwer

Sprichwörter enthalten erstaunlich viel Wahrheit und das musste auch ich in meiner Anfangszeit in Österreich am eigenen Leib erfahren. Es war einfach, in Indien ins Flugzeug zu steigen und mich nach Österreich fliegen zu lassen. Aber anzukommen – das ist etwas ganz anderes.

Natürlich bin ich in Salzburg angekommen, gelandet sozusagen. Ich habe ein Zimmer bezogen, ich wurde Mitglied in einer Klostergemeinschaft, ich habe versucht, meine Dienste, so gut es ging, von Anfang an zu übernehmen, obwohl die Sprache natürlich ein großes Hindernis war. Aber lange fühlte ich mich nicht wirklich richtig da, nicht vor Ort. Klar bin ich an einem Ort angekommen, aber nicht in einer Kultur, einer Kultur, die mir doch viel fremder war, als ich es mir je hätte vorstellen können. Ich kannte Europa und Österreich aus dem Fernsehen, aber ich habe mir nicht vorstellen können, dass der Kontinent, das Land und ich dann doch so unterschiedlich sind.

Das größte Problem am Anfang war sicherlich die Sprache. Ich konnte kein einziges Wort Deutsch. Österreicherinnen und Österreicher haben natürlich recht, wenn sie sagen, man spreche kein Deutsch in dem Sinne, sondern eben österreichisches Deutsch mit einem ganz anderen Dialekt, anderer Intonation, teilweise anderen Begriffen. Aber das machte es für mich auch nicht einfacher. Ich habe begonnen, Deutschkurse zu besuchen, aber fast jeder Bruder, mit dem ich im Kloster zusammenlebte, kam aus einem anderen Bundesland: Die einen haben Tirolerisch gesprochen, die anderen Oberösterreichisch und so weiter! So habe ich mir wirklich schwergetan. Auch mit den wenigen Deutschkenntnissen, die ich mir erstaunlich schnell angeeignet hatte – ich verstand einfach nicht, worüber sie redeten! Auch wenn man einzelne Wörter versteht, der tiefere Sinn dahinter bleibt oft verborgen. Man weiß nicht, ob etwas als Spaß oder ernst gemeint ist, auch Witze versteht man in einer Fremdsprache nicht so einfach, und die vielen Anekdoten kommen in einer Fremdsprache oft ganz anders rüber, als sie eigentlich ausgedrückt werden sollten.

Deutsch zu lernen ist auch deshalb nicht einfach, weil Deutsch zwar eine tolle, aber auch schwierige Sprache ist. Wenn Sie mich nun also fragen: »Wie beschreibst du die Sprache Deutsch in einem Satz?«, lautet meine Antwort: »Eine Sprache voller Logik mit ganz vielen Ausnahmen.« Als Mensch aus einer anderen Kultur muss man sich erst mit der Logik anfreunden. Anschließend heißt es, die Ausnahmen zu lernen. Da ich wie viele meiner indischen Landsleute aufgrund der Vergangenheit unseres Landes gut Englisch sprach, stolperte ich am Anfang beim Deutschen über die Artikel. Im Englischen gibt es kein »der, die, das«, sondern nur »the«. Und dann die ganzen Fälle – es dauerte eine ganze Weile, bis ich über den Satz eines Sprachlehrers lachen konnte: »Die Fälle im Deutschen? Dass die der Teufel hole!« Ein Klassiker auch: »Ich liebe Dir.« – Ha ha ha. Das alles war für mich schwer und gleichzeitig faszinierend. Vor allem, als ich bemerkte, dass ich immer häufiger auf Deutsch dachte und auf Deutsch träumte. Das sind aber immerhin klare Indizien, dass man in der neuen Kultur angekommen ist. Singe ich dann wieder vermehrt Lieder auf Englisch, kann es sein, dass meine Träume auf einmal wieder auf Englisch stattfinden. Kommt die Zeit, in der ich Lieder in der Sprache meiner Heimat singe, auf Kannada, denke und träume ich auf einmal wieder in dieser Sprache. Wunderbar, was unser Gehirn zu leisten imstande ist! Doch die großen Missverständnisse blieben nicht aus.

Da gibt es ein lustiges Beispiel: Haben Sie schon von diesem Priester gehört, der aus Indien nach Deutschland kam, um dort auszuhelfen? Der gute Mann musste von heute auf morgen Deutsch lernen, und hat sich richtig ins Zeug gelegt. Da vergaß ein Ministrant während des Gottesdienstes, die Glocke zu läuten. Um Himmels willen, dachte mein Landsmann, wir können unmöglich mit der Messe fortfahren, ohne dass die Glocke zum Einsatz kam. »Psst, Junge, die Glocke!« Er fuchtelte mit den Händen in Richtung des Ministranten, doch der arme Bub verstand nicht, was gemeint war. Und dann passierte, was ich sehr gut nachvollziehen kann in so einer Stresssituation. In allen Sprachen, die der Priester kannte oder auch nur halbwegs zu kennen glaubte, wollte er dem Ministranten klarmachen, er möge bitte die Glocke läuten. Doch weil die Aufregung überhandnahm, wählte er das einfachste Wort, das ihm in Sinn kam. »Bell!«, rief er, »Bell!« Englisch »the bell«, auf Deutsch, »die Glocke« – für meinen Kollegen war klar, was er meinte. Und der arme Junge? Schaute erschrocken zu seinem Priester und ... fing lauthals an zu bellen!

Auch für mich als Musiker gab es eine Eigenart der deutschen Sprache, die mich am Anfang, nun ja, ich sagte es bereits, sehr verwirrte: Überall in der Welt haben die Noten dieselben

Namen. Wenn Sie damit nicht vertraut sind, dann stellen Sie sich ein Klavier vor, und dabei nur die weißen Tasten. An einer bestimmten Stelle kommt der Grundton C vor. Dem folgen dann, Taste für Taste, ein D, ein E, ein F, ein G, ein A, ein B, und dann wieder ein C, und die Sache beginnt von vorne, eine Oktave höher. So weit, so gut. In Deutschland ist das anders, man folgt der Logik des Alphabetes. Und da kommt nach dem G das H. Deshalb heißt dieser Ton in Deutschland H, doch überall sonst auf der Welt B. Darüber lässt sich ziemlich viel spekulieren. Wollte vielleicht Johann Sebastian Bach, dem die musikalische Welt, um es in Kürze zusammenzufassen, eine Menge verdankt, das H aus seinem Namen verewigen? In der englischsprachigen Welt steht das B auch für das Wörtchen »be«, was wiederum eine Aufforderung ist: »Sei!« Sei so, wie du bist, nicht wie andere dich wollen. Denn so, wie du bist, ist es gut.

Eine echte Hilfe in meiner Anfangszeit war natürlich der Alltag, der in jedem Kloster weltweit ziemlich ähnlich abläuft. Vor allem die gemeinsamen Essen erleichterten mir einiges, zumal Essen ja bekanntlich Leib und Seele zusammenhält. Wir hatten eine sehr nette und begabte Köchin. Schon ihre Mutter war bei den Franziskanern angestellt, nachdem sie wegen der Jugoslawien-Kriege aus ihrer Heimat fliehen musste. Auf den Tisch kam eine Mischung aus österreichischen Gerichten und solchen vom Balkan, was für mich fast wie indische Küche schmeckt. Und ich gebe zu, diese vermisse ich doch immer wieder, vor allem die vielfältigen Gewürze. Entgegen der landläufigen Meinung isst man in Indien nicht überall scharf. Es ist aber nicht nur das Essen an sich, auf das ich mich freute, und auch jetzt, nach so vielen Jahren im Orden, immer wieder freue: Es ist die Art und Weise, wie es bei uns im Kloster zelebriert wird. Der Obere, den es in jedem Kloster gibt und der sich um Verwaltung und Organisation kümmert, wird bei Franziskanern auch »Guardian« genannt, was man mit »Beschützer« übersetzen kann. Dieser Guardian steht unserer Gemeinschaft vor, er leitet auch unser Mittagessen ein und beginnt mit einem Gebet. Danach bedanken wir uns für die Speise und bei denen, die sie zubereitet haben. Mit gefällt das, denn es ist keine Selbstverständlichkeit, jeden Tag vor einem vollen Teller sitzen zu dürfen. Vielleicht haben Sie einmal von der Studie gehört, die im Jahr 2020 vom Zentrum für Entwicklungsforschung und der Ernährungs- und Landwirtschaftsorganisation der Vereinten Nationen veröffentlicht wurde: Demnach leiden weltweit 700 Millionen Menschen an Hunger. Rund drei Milliarden können sich keine gesunde Ernährung leisten. Die Studie sagt noch was: Bisher stellt die internationale Gemeinschaft pro Jahr zwölf Milliarden Dollar für die Hungerbekämpfung zur Verfügung. Würde man die Summe verdoppeln, gäbe es 2030 keinen Hunger mehr. Das ist eine sehr hohe Summe – mehr als die meisten Menschen, mich eingeschlossen, sich vorstellen können. Auf der anderen Seite ist es nur der durchschnittliche Jahresumsatz eines amerikanischen Unternehmens aus dem Dow-Jones-Aktienindex. Oder ein anderer Vergleich, der noch krasser ausfällt: 778 Milliarden Dollar geben die USA jährlich für Waffen aus. Selbst Indien hat 73 Milliarden Dollar für Waffen übrig, Deutschland 55 Milliarden Dollar, und das kleine Österreich kommt auch noch auf 4 Milliarden Dollar für Militärausgaben. So gesehen ist das Geld, das es braucht, um dem Hunger auf der Welt den Garaus zu machen, nicht viel.

Ein mir vertrauter Brauch, der mir ebenfalls beim Ankommen geholfen hat, war das Lesen des Nekrologiums, des Totenbuches. Jeden Tag werden daraus die Namen und Geschichten jener verlesen, die gestorben sind. Wir gedenken ihrer jedoch nicht nur durch eine Rückbesinnung, wie man das von Schweigeminuten kennt – nein, wir reden über ihr Leben und ihr Wirken. Ich finde das genial, dass wir uns an sie erinnern und dafür sorgen, sie nicht zu vergessen. Wir reden über ihre Arbeit, ihre Hobbys, ihr Charisma – auch Anekdotisches kommt zur Sprache, ganz nach dem Motto: »Weißt du noch?« Ich finde dieses Gedenken auch deshalb wichtig, weil es uns daran erinnert, wie kurz unser Leben ist und wie zerbrechlich die vermeintliche Sicherheit ist, in der wir uns wiegen. Das Gedenken hilft uns, einen Sinn in diesem Leben zu finden.

Auch lauschte ich besonders aufmerksam, weil ich die Vielfalt der Spiritualität der Mitbrüder, die sich dabei herauskristallisiert, spannend und faszinierend finde. Denn jeder von uns ist ein Suchender. Weil ich hier über mich schreibe, könnte ich das mit dickem Filzstift unterstreichen: Ja, ich bin ein Suchender! Ich bin noch lange nicht angekommen. Ein Grund, weshalb ich im Kloster bin, liegt darin verborgen: Ich suche nach Antworten und weiß, dass diese Suche noch lange nicht beendet ist.

Bei all dem Vertrauten, das es in allen Klöstern gibt und das mir sehr half, blieb die Welt draußen jedoch eine ganz andere. Salzburg kam mir vor wie ein kleines Museum – aus meiner Heimat war ich ja viel größere Menschenmengen gewöhnt! Natürlich war Salzburg andererseits sehr romantisch: die Altstadt, der Dom, die vielen Kirchen, die Burg! Als ich damals ankam, war November, der Christkindlmarkt begann gerade und ich sah das erste Mal in meinem Leben Schnee. Den kennt man in Indien nur aus dem Fernsehen, jetzt sah ich ihn zum ersten Mal im echten Leben, berührte ihn, konnte die Kälte spüren und ihn sogar riechen. Mit Schnee hatte ich bisher etwas anderes verbunden, nämlich eine Creme, die es in Indien gibt, sie trägt den Namen »Snow« und die Menschen glauben, sie würden davon eine hellere Haut bekommen. Die Haut der Österreicherinnen und Österreicher, das merkte ich schnell, wird von Schnee allerdings zuerst rot, dann schnell blau. Meine Haut bleibt gleich, egal bei welcher Schneemenge.

Dazu kamen neue Gerüche, neue Melodien, neue Erfahrungen, aber trotzdem bin ich mir ein wenig eingeengt vorgekommen in den kleinen Gassen der Altstadt von Salzburg. Mein Leben beschränkte sich fast nur auf das Kloster in Salzburg. Darüber hinaus gibt es in Salzburg wenige Menschen mit Migrationshintergrund, natürlich gibt es viele Leute aus anderen Ländern, aber das sind hauptsächlich Touristen, die zur Saison kommen und wieder gehen, ansonsten ist Salzburg eine ziemlich homogene Stadt. Mein Mitbruder aus Indien hatte sich bereits sehr gut eingelebt und, auch, wenn es wohl nicht böse gemeint war, er wollte seinen Platz nicht unbedingt freigeben oder auch nur mit mir teilen und so verharrte ich ein wenig am Rand.

Fast ein halbes Jahr habe ich eigentlich fast mit niemandem gesprochen, weil ich mich nicht ordentlich ausdrücken konnte und somit auch nichts zu sagen hatte. Es gab jedoch einen Mitbruder im Kloster, der eine Zeit lang selber im Ausland gelebt hatte und wusste, was es bedeutet, fremd zu sein. Pater Gottlieb hatte einige Jahre im Heiligen Land verbracht, dort leben Franziskaner aus der ganzen Welt. Er war es gewohnt, in einer fremden Sprache zu sprechen, musste selber Italienisch lernen und auf Englisch reden, er wusste auch nur zu gut, was es bedeutet, mit Menschen aus anderen Kulturen zusammenzuleben. Pater Gottlieb war deshalb von Anfang an eine große Stütze für mich. Das Leben war für mich fremd, vor allem auch das Studium im Mozarteum, ehrlich gesagt, war ich damit völlig überfordert. Alle hatten schon von Anfang an eine Musikkarriere hinter sich, gerade die asiatischen Studierenden aus China, Japan oder Korea hatten schon mit drei oder vier Jahren angefangen, Klavier zu lernen, und waren im Vergleich zu mir Vollprofis. Dazu kam ja, dass ich vom Unterricht fast nichts verstanden habe! Auch die musikalische Praxis fehlte mir in großen Teilen, meine Kommilitonen waren Profis, ich Autodidakt.

Kurzum: Es ging nicht alles den Weg, den wir eigentlich gehen wollten. Gott sei Dank hat Pater Oliver erkannt, dass irgendetwas schiefläuft. Salzburg, diagnostizierte er, sei wohl doch nicht der richtige Platz für mich. Er hat darum eine Entscheidung getroffen. Eine schwerwiegende, wie ich – wieder einmal – erst im Nachhinein erkannte, aber eine durchweg positive, denn sie hat mich zu dem gemacht, der ich heute bin: Pater Oliver hat entschieden, dass Salzburg für mich einfach zu klein ist, und hat mich kurzerhand ins Kloster nach Wien versetzt.

Wien. Da hat sich plötzlich eine ganz neue Welt für mich aufgetan. Wien ist zwar immer noch eine Kleinstadt im Vergleich zu Bengaluru, aber mit fast zwei Millionen Einwohnern ist sie doch die größte Stadt Österreichs. 60 Prozent der Bevölkerung in Wien kommt aus anderen Ländern und Nationen, man trifft alle Kulturen und Sprachen, ein Melting pot. Wenn ich aus dem Kloster rausgegangen bin, hatte ich plötzlich Straßen voller Menschen vor mir, Menschen verschiedenster Hautfarben, Sprachen, Kleidungen.

Ich weiß, manchen Österreicherinnen und Österreichern macht das ein wenig Angst, in vielen anderen europäischen Ländern mag das Gefühl ähnlich sein, aber ich kann sagen: In Wien bin ich ein echter Wiener geworden. Diese Stadt und dieses Land Österreich wurden zu meiner neuen Heimat und darum bin ich zwischenzeitlich auch in die österreichische Franziskanerprovinz übergetreten. Das Wiener Franziskanerkloster, die Gemeinschaft der Brüder vor Ort war und ist sehr international ausgerichtet: Als ich in Wien angekommen bin, waren dort Brüder aus Österreich, Deutschland, Ungarn, Russland, Polen, Südtirol, und ich, der Inder …

Verschiedene Nationen, die gemeinsam den Weg verfolgten, den ich immer gehen wollte, den Weg Jesu und des heiligen Franziskus. Jeden Sommer kamen Sprachstudierende aus Rom und aus allen Ländern der Welt zu uns ins Kloster, auch Mitbrüder aus dem Heiligen Land und dem Nahen Osten. Endlich war ich wieder in einem Ambiente, wo ich ein wenig von diesem Flair der Weltkirche gespürt habe, das ich so liebe, und von dieser multikulturellen Tradition, aus der ich eigentlich gekommen bin.

Pater Oliver empfahl mir in Wien den Mitbruder Pater Elias. Er würde mir helfen, mich zurechtzufinden. Über Pater Elias, der mir auch geholfen hat, diese Zeilen zu schreiben, berichte ich später noch mehr in einem eigenen Kapitel. Überhaupt gibt es vermutlich zu viele Menschen, die mir in Wien begegnet sind und mir sehr ans Herz gewachsen sind. Eine besondere Rolle spielte auch mein damaliger Hausoberer, Pater Felix: Eigentlich wird er seinem Namen wirklich gerecht, »Felix« bedeutet »der Glückliche« und er ist wahrlich ein sehr glückvoller, ausgeglichener, in sich ruhender Mensch. Und er hat mir, was für ein Kloster sehr ungewöhnlich ist, unendlich große Freiheiten ermöglicht.

Er hat es mir erlaubt, neben dem Studium am Konservatorium Malkurse zu besuchen, in meiner Freizeit Privatstunden zu nehmen, Konzerte zu besuchen und auch eigene Konzerte zu geben. Ich konnte malen, mich ausdrücken, ich habe die Zeit und die Möglichkeit gehabt, sogar Ausstellungen meiner Bilder zu organisieren, es wurden Filmarbeiten im Kloster über mich gezeigt, ich durfte jederzeit Videos drehen und die ganze Gemeinschaft des Klosters hat das zugewandt aufgenommen.

Pater Felix hat es mir auch ermöglicht, dass ich an anderen Orten aushelfen konnte, sodass ich nicht nur in unserer Klosterkirche die Gottesdienste gefeiert habe, sondern plötzlich auch wieder Erstkommunion mit Kindern in anderen Kantonen. Ich konnte Hochzeiten halten, bin in die verschiedensten Orte gefahren, auch einfach, um dort den alltäglichen Gottesdienst zu feiern. Ein besonderer Ort war für mich zum Beispiel Frauenkirchen: Dort habe ich über einige Jahre lang regelmäßig am Wochenende ausgeholfen. Dort gab es ohnehin indische Ordensschwestern, die Menschen waren es also schon gewohnt, mit Glaubensbrüdern und -schwestern aus meiner Heimat zusammen zu sein und mit ihnen die heilige Messe und die Feste zu feiern. Frauenkirchen ist ein sehr kleiner Ort, aber bald war ich dort sehr beliebt und akzeptiert und alle haben mich gern gehabt. Die Freundschaften, die ich mit den Menschen aus Frauenkirchen aufgebaut habe, halten bis heute.

Das Konservatorium, das ich am Anfang in Wien besucht hatte, musste leider aufgrund von verschiedenen Umständen nach einiger Zeit schließen, sodass ich ausbildungstechnisch schon wieder neu anfangen musste. Aller Anfang ist eben schwer und manchmal braucht man auch einen langen Atem für jeden Neubeginn. Zwischenzeitlich besuche ich kein Konservatorium mehr, sondern studiere jetzt an der Universität. Eine große Umstellung für mich, von einer Art Privatunterricht in kleiner Konservatoriums-Atmosphäre zu einem »richtigen« Studium: Plötzlich dreht sich alles um den Semesterplan, das Prozedere der »Immatrikulation«, den Stundenplan mitten in der Corona-Pandemie.

Wieder musste ich neue Dinge lernen, so bin und bleibe ich weiter auf dem Weg. Aber eins ist mir ganz wichtig: In Wien habe ich begriffen, dass ich meiner Berufung, der Musik, treu bleiben will. Meine Musik hilft mir, an meiner Mission festzuhalten. Eine Mission darf nicht damit verwechselt werden, Menschen zu bekehren. Das liegt mir fern. Mission bedeutet übersetzt einfach »Sendung«, und meine Sendung ist es, Menschen zu begeistern. Beeinflussen will ich sie nicht. Aber wie hängt das genau zusammen?

Inspirieren? Ja!
Beeinflussen? Nein!

Unsere Kindheit prägt uns. Was wir dort erleben, mit wem wir zusammenkommen, was wir bloß am Rande aufschnappen und was sich dann doch in unserem Unterbewusstsein festsetzt und manchmal ganz unmerklich für uns die Richtung unseres Lebensweges bestimmt. Zum Teil setzen sich diese Erfahrungen bereits im Mutterleib in uns fest durch die enge körperliche und emotionale Bindung, die wir zu unserer Mutter haben. Fragten Sie sich auch schon einmal, nachdem Sie an einer dieser berühmten Weggabelungen im Leben standen, was Sie eigentlich dazu gebracht hat, den einen Weg zu gehen und nicht den anderen? Gerne sagen wir doch, wir hätten uns das reiflich überlegt und kamen am Ende zu dieser oder jener Entscheidung.

Dabei fällt diese Entscheidung in Wahrheit im Bruchteil einer Sekunde, wenn wir die Weggabelung erreichen, ausgelöst von den im Unterbewussten abgespeicherten Erfahrungen. Darüber gibt es eine Vielzahl spannender wissenschaftlicher Studien, die alle auf diese geheimnisvolle »Macht des Augenblicks« verweisen. Unsere »reiflichen Überlegungen« tragen selbst wenig zur Entscheidung bei – sie helfen hinterher, die Entscheidung zu rechtfertigen. So gesehen hat es mich nicht verwundert, als meine Mutter mir diese Geschichte erzählte: Als sie mit mir schwanger war, gab es in Bengaluru das »NBLC«, was die Abkürzung ist für das »Nationale Zentrum für Bibel und Liturgie«. Es war für Priester und Laien gedacht, die hier ein und aus gingen, um sich mit Fragen der Liturgie zu beschäftigen. Falls Sie mit dem Begriff nicht so vertraut sind: Darunter versteht man die Geschichte und die Praxis der Abläufe und Zeremonien im Gottesdienst und ihre Bedeutungen. Schließlich sind viele dieser Riten aus alter Zeit überliefert – daher gibt es viele Möglichkeiten der Interpretation und der Gestaltung. Einer der Priester, der diese Möglichkeiten sehr weit ausschöpfte, war dort, im »NBLC«, Pater Felix Norona. Zum Beispiel wusch er den Frauen während dem Ritus der Fußwaschung am Gründonnerstag die Füße, Papst Franziskus tat dies auch schon öfter. Was heute normal ist, war damals jedoch ganz neu. Dieser Ritus geht auf die im Johannesevangelium des Neuen Testaments beschriebene Szene zurück, in der Jesus seinen Jüngern beim letzten Abendmahl die Füße gewaschen hat. So musste es auch für meine Mutter ein tief beeindruckendes Erlebnis gewesen sein, dass Pater Felix Norona ihre Füße wusch. Später, als ich immer häufiger mit ungewöhnlichen Ideen ankam, sagte sie dann oft: »Vielleicht bist du deshalb so progressiv. Weil ich mit Dir schwanger war, als Pater Felix Norona mir die Füße wusch.«

Ja, es stimmt, ich spreche oft von Liebe, von Gerechtigkeit und von Frieden. Aber ich erwähne nicht in jedem Satz gleich Jesus oder Gott. Ich rede indirekt über Jesus und Gott, sobald ich von Liebe, Gerechtigkeit und Frieden spreche. Wer meine Videos anschaut, sieht von Anfang an: Oh, das ist ein Ordensmann – da ist klar, wer die Botschaft vermittelt, anders als das im Internet sonst häufig der Fall ist. Ich verstecke mich nicht, und bei mir bleibt nichts verborgen. Das habe ich vom heiligen Franziskus gelernt, der dafür ein leuchtendes Beispiel war: Er sagt, dass wir unseren Glauben viel weniger predigen sollen und ihn stattdessen viel mehr vorleben. Wenn andere Menschen fragen, warum wir so leben, wie wir leben, denke ich, haben wir schon vieles erreicht. Ich werde das häufig gefragt, und meine vielleicht umfassendste Antwort ist dieses Buch.

Da dieses Buch viele Seiten hat, ist klar: Diese Frage, warum wir so leben, wie wir leben, ist gar nicht so leicht zu beantworten. Tatsächlich überprüfe ich mich da mit jedem neuen Tag. Ist die Kraft, die mich antreibt, für mich noch spürbar? Das ist ein wichtiger Aspekt in meinem Leben. Aber nicht in dem Sinne, wie es der englische Ausdruck Influencer meint: Das sind Leute, die davon angetrieben sind, andere zu beeinflussen. Bei mir ist das anders, und gleich in mehrerer Hinsicht: Zum einen ist die Zahl meiner Abonnenten und mein gesamter Zuschauerkreis verhältnismäßig klein. Natürlich, er wird wachsen, doch im Vergleich zu echten Influencern bin ich eine wirklich kleine Nummer. Und Geld zu verdienen, würde auch meiner Berufung als Franziskaner widersprechen.

Es geht mir nicht darum, Karriere zu machen und durch meine Videos reich zu werden – es sei denn, wir zählen »reich an Erfahrungen« mit dazu. Ich will die Botschaft von Frieden, Liebe und Gerechtigkeit verbreiten und, nicht zu vergessen, die Botschaft der Freude. Sie ist so wichtig in unserem Leben! Freude kann sich über das Lachen ausdrücken, sie kann aber auch von innen heraus aus uns leuchten. Sie zeigt sich, wenn wir Spaß haben oder gemeinsam feiern. Und ich sage das in aller Deutlichkeit als Franziskanerpater: »Ja! Wir dürfen freudige Menschen sein! Wir dürfen Freude an unserem Leben haben! Es ist ein Geschenk Gottes, und Gott freut sich mit uns, wenn wir uns freuen!« Für mich vermittelt sich Freude durch meine Videos, die zeigen, wie ich und alle Beteiligten Freude an der Sache haben! Deshalb mache ich nicht nur fromme Videos, deshalb mache ich reine Spaßvideos, deshalb mache ich Filme mit einem gewissen Tiefgang. Sie zeigen meine Freude am Glauben, meine Freude an Gott und meine Freude am Sein so pur und deutlich, wie ich es vermitteln kann.

Ich weiß, das ist ein hoher Anspruch – reine Spaßvideos zu machen wäre wesentlich leichter –, und ich weiß auch, dass darin der Grund verborgen liegt, weshalb meine Abonnentenzahl überschaubar bleibt. Doch wenn die, die zuschauen, Freude haben – und ich glaube, das haben sie –, dann ist mir viel gelungen. Wenn sie merken, hey, Pater Sandesh ist ja selbst auf der Suche, so wie ich auch, dann ist mir noch mehr gelungen. Und wenn sie am Ende sagen, ich habe mich ein bisschen weiterentwickeln können, dann bin ich noch glücklicher, denn Sich-Weiterentwickeln gehört zu unserem menschlichen Leben dazu. Wer sich nicht weiterentwickelt, bleibt nicht nur auf seiner Stufe stehen, sondern macht Rückschritte, da die Welt um ihn herum nicht stehen bleibt. Darum gibt es bei meinen Videos immer wieder Änderungen, immer wieder Neues – es soll nicht alles so weitergehen, wie es jetzt ist. Ich möchte selbst neue Wege entdecken, um meine Talente einzusetzen. Daher benutze ich auch andere Medien wie Instagram, Facebook oder TikTok. In jedem dieser Medien sind andere Menschen vertreten, andere Gruppen – man kann sich das wie eine Art Parallelwelt vorstellen. Was alle gemeinsam brauchen (und nicht immer haben) ist Offenheit und Toleranz gegenüber dem Mitmenschen.

Und damit spreche ich einen wunden Punkt an. Das Internet hat unsere Kommunikation verändert. Menschen, die sich nicht trauen, in aller Öffentlichkeit ihre Meinung kundzutun, trauen sich in der Anonymität des Netzes umso lauter. Manchmal verlieren sie dabei jeglichen Anstand. Das liegt auch daran, dass diese sozialen Medien von ihren Machern und Erfindern von Anfang an so programmiert wurden. Facebook ist ein gutes Beispiel. Häufig passiert es mir, dass jemand mit einer »Bekehrungsmentalität« auf mich zukommt. So nenne ich das, wenn es heißt: »Pater Sandesh, Ihre Videos müssen frommer werden.« Oder braver. Oder herkömmlicher. Oder traditioneller. Es war für mich wirklich ein schmerzhafter Prozess zu begreifen, dass solche Menschen gar nicht meine Authentizität wollen, und ich es eben nicht jedem recht machen kann. »Bist du nicht mehr selbstlos?«, frage ich mich dann. Willst du den Erfolg zu sehr?

Dann erinnere ich mich an unsere Köchin im Kloster, die sich jeden Tag darüber freut, wenn es uns schmeckt. Ich erinnere mich an jeden Lehrer, den ich hatte, der sich darüber freute, wenn wir auch nur eine Sache mitgenommen haben. Ich erinnere mich an Redner, deren Vorträge ich besuchte, die begeistert waren, einfach nur davon, dass der Seminarraum bis zum letzten Platz gefüllt war. Genauso ergeht es mir auch. Und doch wird es immer jemand geben, dem das Gericht der Köchin nicht schmeckt. Auch wenn scheinbar alle klatschen, wird jemand im Publikum sitzen und denken, »Nein, das gefällt mir nicht« oder »Davon habe ich mir mehr versprochen«.

In jeder Kunstform tragen wir unsere Seele nach außen, und wenn die Kritiker sagen, »Das gefällt uns aber nicht«, dann glauben wir Künstler, es ist unsere Seele, die nicht gefällt. Das tut weh. Trotzdem kann ich nur malen, was in mir ist, damit ich authentisch bleibe. Male ich das, was ein anderer sehen will, dann erfülle ich einen Auftrag, und das ist etwas ganz anderes.

Dann drücke ich sehr wahrscheinlich nicht mehr aus, was ich fühle und in meinem Herzen empfinde. Bei meinen Videos ist das ganz ähnlich: Würde ich auf YouTube das machen, was andere sehen wollen, hätte ich wahrscheinlich sehr viel mehr Follower und Fans, doch dann singe ich nicht mehr das, was aus meinem Herzen kommt.

Das macht die Sache so spannend: Wenn etwas authentisch ist, erfahren wir immer einen kleinen Teil der Lebensgeschichte von dem, der da erzählt, singt oder auch malt. Wer viele oder möglicherweise alle meine Videos gesehen hat, hat schon eine ganze Menge über mich erfahren. Weil das so ist, gibt es in den Netzwerken viele Menschen, welche die Botschaft von Liebe, Freude, Frieden, Glaube, Jesus und auch vom heiligen Franziskus verbreiten möchten. Jeder macht das, indem er seine ganz persönliche Erfahrung mit einbaut, und so wird es immer eine ganz individuelle Geschichte ergeben. Genau das tue ich auch – und hinterfrage mich dabei ständig. Ich will mich nämlich auf keinen Fall selbst verlieren, nur um andere zu gewinnen.

Ich möchte auch niemand beeinflussen, ich möchte kein Influencer sein! Nur wenn ich mir treu bleibe und meine Berufung auf meine Art lebe, kann ich vielleicht andere Menschen inspirieren. Erkennen Sie den Unterschied zwischen Inspirieren und Beeinflussen? Wenn ich Menschen inspiriere, lasse ich ihnen die Freiheit, Ja oder Nein dazu zu sagen. Wenn ich Menschen beeinflusse, schränke ich diese Freiheit stark ein, bis zu dem Punkt, wo sie gar nicht mehr existiert. Das möchte ich nicht! Und damit kommen wir wieder zur Regelmäßigkeit. Denn ein weiterer wichtiger Schritt für mich, um mich selbst besser kennenzulernen, war, mich immer wieder mit der Disziplin auseinanderzusetzen. Was dazu führte, dass ich eben jeden Freitag ein neues Video präsentiere. Nicht mehr drei Filme pro

Woche, und dann drei Wochen lang nichts mehr, sondern in einer Regelmäßigkeit und einem Rhythmus, der mir entspricht. Mittlerweile warten viele Menschen auf diese Videos, leiten sie weiter, zum Beispiel über WhatsApp zu Menschen, die mich nicht abonniert haben, nicht so aktiv sind in den sozialen Medien oder noch nie etwas von mir gehört haben. Ich weiß von einer Dame in Kärnten, die schon weit über 90 Jahre alt ist und die meine Videos von ihrer Tochter erhält. Darauf freut sie sich, und ich freue mich, weil uns die Freude am wichtigsten sein sollte.

YouTube – meine Mission?

Mission ist auch so ein Wort, das zu einem missverständlichen Ausdruck geronnen ist, viele denken wohl automatisch an die Missionare, die man aus Filmen kennt: Europäische Männer, die den Einheimischen Spiegel und andere glänzende Dinge geschenkt haben, um sie zum Christentum zu bekehren. Oder – schlimmer – jene, die gleich Gewalt eingesetzt haben, um ihr Ziel zu erreichen. Auch heute gibt es noch Sekten und Gruppen, die mit allen Mitteln versuchen, Menschen zu überzeugen.

Mission bedeutet aber etwas ganz anderes – nicht bekehren, beeinflussen oder überzeugen, sondern es heißt einfach »Sendung«, ganz ohne Absicht. Im vorherigen Kapitel habe ich versucht, ein bisschen näher zu erklären, wie ich das meine, dass ich nicht beeinflussen, sondern inspirieren möchte. Mein Medium dazu, mein Mittel und Weg zum Inspirieren ist für mich YouTube geworden. Schon ganz am Anfang, als die Plattform populär wurde, vor etwa 15 Jahren, habe ich dieses Medium für mich entdeckt. YouTube ist kostenlos, für alle zugänglich, es ist eine Bühne, auf der man ohne Lampenfieber auftreten kann. Ich habe Lieder in meiner Muttersprache aufgenommen und veröffentlicht und auch alle meine Predigten. Ich wurde dadurch zwar kein »Star«, aber das hatte ich ja auch nicht vor. Als ich nach Österreich kam – vor allem nach Wien –, habe ich YouTube wieder neu für mich entdeckt.

Mein Freund Elias – von dem ich im kommenden Kapitel noch mehr berichte und der nicht zu verwechseln ist mit meinem Mitbruder Elias – als mein Tonmeister, Lehrer für Gehörbildung und vor allem als mein guter Freund meinte, ich hätte vieles mitzuteilen, nicht nur musikalisch. Er empfahl mir, dazu YouTube intensiv zu verwenden. Neben meinem schon bestehenden Kanal habe ich es daraufhin einfach ausprobiert und einen neuen Kanal eröffnet: Rap, Musik auf Deutsch, Musik auf Englisch, einen Channel mit Videos zu verschiedenen Themen und mit Interviews.

Das hat zuerst zu einer ziemlichen Verwirrung geführt, einmal für meine schon bestehenden »Fans« aus Indien, die natürlich kein Deutsch verstanden, und dann gleichermaßen für meine »Fans« aus dem deutschsprachigen Raum, die mit so einer Flut von verschiedenen »Seiten« des Sandesh Manuel überfordert waren. Die Videos hatten nur sehr wenige Klicks, denn die Vielfalt der Kanäle und der große Unterschied von Inhalt und Stil hat schlichtweg alle verwirrt.

Also habe ich mich zu einem sehr radikalen Schritt entschlossen, ich habe alle Kanäle gelöscht und einen einzigen neuen Kanal »Sandesh Manuel« gestartet. Aller Anfang ist schwer, diese Weisheit stimmte auch auf diesem Gebiet. Mit einem Schlag hatte ich alle Abonnenten verloren, musste mich entscheiden, welches Genre und welchen Inhalt ich nun bevorzugen werde. Ich wollte ja weiter Menschen inspirieren!

Ich habe mich für die Sprachen Deutsch und Englisch entschieden und habe den Hauptakzent auf die Musik gesetzt.

Nicht nur auf einen Musikstil, denn viele Künstlerinnen und Künstler haben sehr verschiedene Stilrichtungen verfolgt – Mozart hat von Kirchenmusik bis hin zur Oper alles gemacht, aber auch bei den modernen Popstars erleben wir das ja. Am Anfang habe ich sehr viele Videos gepostet, aber ich kam nur langsam voran. Pater Elias war es dann, der mir zur Regelmäßigkeit riet. Wöchentlich solle ich nur ein Video hochladen, das immer zur selben Zeit, Freitagnachmittag, erscheint. So hat es sich eingebürgert und Freitagnachmittag ist inzwischen mein Fixpunkt der Woche zum Video-Hochladen.

Er war es auch, der mir geraten hat, mehr auf die Qualität zu achten, denn: »Weniger ist oft mehr« und »Klasse statt Masse«. Daran wollte ich mich fortan orientieren. Die Produktion von solchen Videos ist natürlich aufwendig und nicht immer billig, aber mein herausragendes Team, das im Kapitel »Menschen mit mir auf dem Weg« noch gewürdigt werden wird, ist mir dabei die größte Hilfe.

Zwei Momente waren auf meinem Weg zum erfolgreichen YouTuber wohl ausschlaggebend für meinen »Durchbruch«: erstens das Video »Der Herrgott hat gelacht« und zweitens tatsächlich die zwischenzeitlich etablierte Regelmäßigkeit. Ich habe zum Zeitpunkt, als dieses Buch geschrieben wird, wieder über 13.000 Abonnenten und über eine Million Aufrufe. Das ist zwar erfreulich, aber für mich ist nicht die Zahl ausschlaggebend, sondern die Botschaft. Ich will durch YouTube nicht reich werden wie manche Influencer und ich habe auch nicht vor, ein Superstar zu sein. Gleichzeitig freue ich mich natürlich über alle, die mir folgen, und auch über die vielen ermutigenden Rückmeldungen.

Alles ist weiter ein Auf und Ab, das hängt nicht zuletzt mit dem Bild zusammen, das Menschen von Priestern haben. Ich wollte ursprünglich vor allem jene erreichen, die nicht unbedingt in die Kirche gehen, aber das ist nicht so einfach, denn die suchen nicht nach singenden Franziskanern. Einige andere, die sehr wohl gezielt nach mir suchten, empfinden mich dann wiederum als zu progressiv: »Ein Baseball-Cap auf dem Kopf! Das geht doch nicht für einen Priester!«

Es ist und bleibt eine Gratwanderung. Ich will niemanden verärgern. Wichtig ist mir einfach, dass ich mir treu bleibe und meiner Sendung, meiner Mission: »Sandesh, du musst niemanden beeinflussen, aber du darfst für jeden Inspiration sein.« Das ist mein Leitspruch und was jeder und jede Einzelne daraus macht, ist seine oder ihre jeweils eigene Entscheidung. Vielleicht auch ein wenig die Fügung Gottes.

»Wo Musik ist, da kann nichts Böses sein«, zitierte Papst Franziskus kürzlich den spanischen Dichter Miguel de Cervantes Saavedra, um jungen Musikern in der Corona-Krise Mut zuzusprechen. Das ist eine Erfahrung, die ich an Orten, an denen es Musik gibt, immer wieder mache. Und es ist eine Erfahrung, die mich in Krisen auch immer wieder auf die Beine bringt. Wissenschaftler fanden heraus, dass singende Menschen weniger Angst haben. Diese Erkenntnis wurde auch hinlänglich missbraucht, indem man zum Beispiel Soldaten singend in die Schlacht ziehen ließ. Sie wurde aber auch wahnsinnig heilsam genutzt, in Therapien, Chören und Messen. Kleine Kinder fangen oft, wenn sie Angst haben, an zu singen. In der Dunkelheit etwa, so wie ich damals auf dem Fahrradweg, als mich die Glühwürmchen retteten. Singen ist eine wundervolle Ausdrucksform, die Angst vertreibt, gute Laune schafft und pure Freude schenkt.

Menschen mit mir auf dem Weg

Einige von den Menschen, die mich auf meinem Weg begleitet haben, die mir geholfen, mich geprägt, mich unterstützt oder leider auch manchmal negativ beeinflusst haben, sind schon erwähnt worden. In den verschiedenen Kapiteln habe ich einige genannt, angefangen natürlich besonders bei meinen Eltern, meiner Schwester, die mir ganz nahe steht, über meinen Opa, hin zu meinen franziskanischen Mitbrüdern in Indien, im Postulat, während meiner Studienjahre und allen, die mich über die Jahre hinweg in Indien begleitet haben, bis ich nach Österreich gekommen bin.

Es gibt aber einige ganz außergewöhnliche Menschen, in dem Sinne nämlich, dass sie gerade in den letzten Jahren meinen Lebensweg entscheidend mitgeprägt haben oder mich auch weiterhin begleiten. Ein paar von diesen Menschen möchte ich hier vorstellen, sie stehen stellvertretend für die Vielen, die den Rahmen dieses Buches sprengen würden. Zuerst möchte ich einige Mitbrüder erwähnen, dann jene aus dem Bereich der Kultur und dann natürlich darf man meine »Fans« nicht vergessen, die eine große Unterstützung und Bestärkung für mich sind.

Über einige Mitbrüder, die mich nach Österreich gebracht haben, den damaligen österreichischen Provinzial Pater Oliver und meinen indischen Provinzial, Pater Babo – der die gleiche Idee hatte, mich auf diese Art und Weise zu fördern –, und auch über Pater Felix in Wien habe ich schon berichtet. Wer noch nicht zur Sprache kam, ist mein Mitbruder Pater Joy, den ich noch aus meiner Zeit in Indien kenne. Bei ihm »ist der Name Programm«, wie man so sagt. »Joy« bedeutet Freude, und er ist wirklich ein unglaublich fröhlicher Mensch, mit dem ich viel gelacht habe und weiterhin lachen kann. Pater Joy ist nach mir in den Orden eingetreten, er hat eigentlich Ingenieurwesen studiert. Wir haben uns kennengelernt und er hat durch mich und unsere Freundschaft seine Berufung zum Franziskanerbruder entdeckt. Durch die Höhen und Tiefen auf meinem Studienweg hat er sein Theologiestudium schließlich vor mir beendet, obwohl er später eingetreten ist. Aber solche Dinge standen nie zwischen uns. Er ist immer mein Freund geblieben, wir konnten über alles reden – auch und gerade während meiner Zeit der Krise, in der ich an meiner Berufung gezweifelt habe. Ich gehe damit ganz offen um und habe ja auch schon erwähnt, dass ich mir zwischenzeitlich überlegt habe, ob nicht doch ein anderer Weg für mich der richtige sein könnte. Eine Familie zu gründen und zu heiraten etwa. Da war es Pater Joy, der mich auf meinem Weg bestärkt hat, der mir geholfen hat, weiterhin den Weg als Franziskaner gehen zu können. Bis heute sind wir miteinander verbunden. Joy ist für mich so etwas wie ein geistlicher Begleiter und zugleich auch einfach ein Freund. Während der Corona-Krise habe ich online bei ihm Exerzitien gemacht, womit er mir sehr geholfen hat. Diese Zeit ist für uns alle, auch für die, die glauben, sehr schwer, belastend und bedrückend. Aber gemeinsam mit Pater Joy fühle ich mich im Glauben gestärkt.

Und wenn er auch räumlich weit entfernt lebt, sind wir geistig sehr verbunden. Bei Pater Joy gilt, dass ein Freund, der einiges an Abstand hat, gewisse Probleme objektiver beurteilen kann. Er kann dadurch auf andere Art und Weise helfen als jemand, der in »derselben Suppe schwimmt« wie man selbst. Der interessanteste Punkt unserer Freundschaft ist wohl der, dass ich in Pater Joy die Berufung zum Ordensleben geweckt habe, aber er mein Commitment zum Orden immer wieder stärken durfte. Ganz entscheidend in der Freundschaft zu Joy ist auch, dass er mich so annimmt, wie ich bin, dass ich bei ihm so sein darf, wie ich bin. Das ist auch das Bild, das ich von Gott habe, der mich geschaffen hat und der mich annimmt und mich liebt. So erfahre ich Gottes Liebe und Nähe auch und gerade in meinen Freundschaften zu Menschen.

Auch mein Mitbruder Elias hat bereits Erwähnung gefunden. Mit ihm lebe ich in Wien zusammen und von Beginn an hatte Pater Oliver mich ihm anvertraut. Eigentlich hat Pater Elias eine ganz andere Aufgabe, er ist für Hilfsprojekte im Heiligen Land zuständig. Das bedeutet, er organisiert Hilfen für die Christen im Nahen Osten und begleitet Pilgergruppen geistlich auf ihrem Weg durch das Heilige Land, Jordanien und nach Zypern. Ganz am Anfang, als ich nach Wien kam, war ich mit ihm auf so einer Pilgerreise unterwegs und wir haben uns von Anfang an gut verstanden.

Durch seine Arbeit war Elias natürlich die ersten Jahre sehr viel auf Achse, fast fünf Monate im Jahr verbrachte er im Heiligen Land. Darum haben wir uns immer wieder nur abschnittsweise gesehen, wenn er zurück in Wien war und mit uns in der Gemeinschaft gelebt hat. Der große Einschnitt kam dann mit Corona 2020. Pater Elias konnte nicht mehr ins Heilige Land reisen, er war zum ersten Mal durchgehend in Wien, wir konnten nichts mehr tun, der Lockdown sorgte dafür, dass alle Geschäfte geschlossen waren, genauso die Museen und Theater, ja es gab sogar keine öffentlichen Gottesdienste mehr. Innerhalb der Gemeinschaft waren wir besonders vorsichtig, da wir mit vielen alten oder vorerkrankten Mitbrüdern zusammenleben, die zur Risikogruppe zählen und besonders vulnerabel sind. Aber irgendwie mussten wir zusehen, dass uns nicht die Decke auf den Kopf fällt! So begannen unsere allabendlichen Spaziergänge. Unsere Hauptroute ging entlang des Donaukanals, wir sind ihn wirklich auf und ab gewandert und haben in dieser Zeit natürlich sehr viel miteinander geredet – wirklich über Gott und die Welt, wie man so sagt. Und vor allem über uns, unser Leben, unsere Kindheit, was uns geprägt hat, was uns wichtig ist, womit wir uns schwertun. Es waren Gespräche, die intensiver waren als Beichtgespräche, seitdem gibt es wohl nichts mehr, das wir nicht voneinander wissen; ich kann sagen, dass es keinen Menschen gibt, den ich so gut kenne und der mich so gut kennt wie Pater Elias.

Gerade darum konnten wir auch zusammen so viele schöne Projekte bearbeiten. Wir haben zum Beispiel einen Kreuzweg verfasst, ich habe die Bilder dazu gemalt, er hat die Texte geschrieben. Auch einige Lieder haben wir zusammen komponiert, den »Billa Song«, über den ich noch Genaueres erzählen werde, oder zum Beispiel Raps zu den Themen Hochzeit, Taufe und Erstkommunion – sogar zu kritischen Themen wie Umweltschutz. Pater Elias hat auch bei verschiedenen Ausstellungen die Bilder erklärt, die ich gemalt habe. Er kennt mich sehr genau und kann darum exakt das ausdrücken, was mir aufgrund der sprachlichen Schwierigkeiten nach wie vor noch schwerfällt. Auf Englisch wäre es einfacher, aber auf Deutsch kann ich vieles eben nicht so sagen, wie ich es fühle.

Ein Mensch, der dich jedoch kennt, der kann das, was du fühlst, auch in Worte bringen. Das ist ein sehr großes Geschenk, für das wir beide sehr dankbar sind. Uns verbindet nicht nur die Freundschaft, sondern auch unsere gemeinsame Berufung, der Glaube an Gott und der Weg als Franziskaner. Obwohl wir beide völlig verschieden sind, manifestiert sich für uns in dieser Freundschaft ein großes Geheimnis. Wir haben gemeinsame Verbindungen gefunden und alles, was uns verbindet, fußt auf der Basis des Vertrauens.

Der heilige Franziskus hat mal gesagt: »Gott hat mir Brüder gegeben!« So einen Bruder und Freund habe ich in Elias wirklich gefunden und dafür danke ich ihm. Elias hat mir anhand von einigen einfachen Geschichten geholfen, wirklich der zu sein, der ich bin. Er hat mir gezeigt, dass ich so sein darf, wie ich bin, und das auch soll. Er hat Geschichten aus seiner Kindheit erwähnt, die Sie vielleicht auch kennen, weil sie hierzulande schon im Kindergarten erzählt werden, die mir aber unbekannt waren: Etwa die Geschichte von »Frederick«, der Maus – aus der Feder von Leo Lionni –, die Sonnenstrahlen und Wärme statt Futter gesammelt und so ihren »Mitmäusen« geholfen hat, den Winter auch gefühlsmäßig zu überleben. Oder »Das kleine ich bin ich« von Mira Lobe, diese Geschichte des geheimnisvollen Tiers, das nirgendwo so recht hingepasst hat, aber am Schluss erkennt, dass es keine Kopie von jemand anderem ist, sondern schlicht einzigartig.

Auch in vielen praktischen Dingen hilft Elias mir. Ich möchte nicht so weit gehen, ihn als meinen Manager zu bezeichnen, das will er auch überhaupt nicht sein, und das brauche ich auch nicht. Aber er ist mir ein wertvoller Ratgeber, den ich vertrauensvoll nach seiner Einschätzung fragen kann, ob ich jenes oder dieses tun kann oder besser bleiben lasse. Nach wie vor kenne ich mich nicht so gut aus in diesem Kulturkreis und muss vieles noch lernen. Kann ich ein Video zu diesem oder jenem Thema machen? Macht es Sinn, bei dieser oder jener Show aufzutreten, zu der ich eingeladen wurde? Kann ich das so sagen, oder soll ich es lieber anders ausdrücken?

Und dann ist da noch die gemeinsame Leidenschaft für die Kulinarik: Wir essen beide sehr gerne. Und Elias ist ein genialer Koch. So wie ich in der Musik ein Autodidakt bin, bringt er sich alle möglichen Kochkünste selbst bei. Er kann wirklich die feinsten Currys improvisieren und somit meine indische Heimat nach Österreich holen. Wenn wir dann gemeinsam essen, sagt er oft: »Kochen ist gut – für den Magen, aber auch für die Seele.« Das stimmt.

Nicht vergessen möchte ich meinen Mitbruder Pater Alfons. Er stammt aus Deutschland, aber kennengelernt habe ich ihn in Indien, wo er für die Missionszentrale in Bonn gearbeitet hat und auf diesem Wege immer wieder auf Besuch in Indien war, um verschiedene Projekte zu unterstützen. Ausnahmsweise erwähne ich den Nachnamen einer Person, die mich begleitet, denn damit ist eine Geschichte verbunden: Sein Name ist Schumacher, auf Englisch »Shoemaker«. Darüber hat er immer gelacht, denn die Schuhmacher gehören in Indien zur niedrigsten Klasse. Er hat immer erwähnt, dass er aus der niedrigsten Kaste komme, womit er mir von Anfang an sympathisch war – eine echt franziskanische Haltung! Er hat mich zwar mehrmals nach Deutschland eingeladen, aber das war natürlich am Anfang meines Weges ein Ding der Unmöglichkeit. Erst als ich tatsächlich in Salzburg und Wien angekommen war, habe ich ihn in seinem Kloster in München besucht. Er war damals der Hausobere und hat mich auf einige Reisen durch Deutschland mitgenommen, hat mir viel von der deutschen Kultur erklärt, hat mit mir Museen und verschiedene andere Orte besucht, hat mich in München herumgeführt und mich auch in seine Heimatstadt nach Aachen mitgenommen. Dort habe ich mit ihm an einem großen Missionsprojekt teilgenommen, dem »Marsch gegen die Armut«, zu dem jedes Jahr viele Menschen zusammenkommen und bei dem Geld gesammelt wird, um Leprakranken in Indien zu helfen. Ein ernstes Thema, und doch ging es auch lustig zu, denn bei dieser Aktion habe ich Lieder gesungen, die ich in Wien kennengelernt habe. Echte »Wiener Lieder«, damit konnte ich als Inder selbst die Deutschen überraschen. Das war wirklich ein großer Spaß für uns alle und so stelle ich es mir vor, wenn sich Kulturen gegenseitig bereichern können und wir immer fähig sind, Brücken zu bauen. Wenn wir es nur wollen.

Pater Fritz ist erst seit Kurzem unser neuer Provinzial, ein sehr offener Mensch mit ganz reicher spiritueller Erfahrung. Auch er soll hier Erwähnung finden, denn er ist zum Beispiel von Österreich aus zu Fuß nach Jerusalem, Rom und Santiago gepilgert. Er hat sich nicht nur im Bereich der Theologie und Philosophie, sondern auch in Psychologie weitergebildet. Er hat eine echte Gabe, auch mit sehr schwierigen Menschen einen guten Umgang zu finden und jedem ein Stück Heimat zu geben. Mit ihm hatte ich eigentlich bisher noch gar nicht so viel Kontakt, aber die wenigen Male, bei denen wir uns begegnet sind, konnte ich mich mit ihm sehr gut über das, was mich zutiefst bewegt, austauschen. Er lässt Menschen »sein«, darum fühle ich mich bei und mit ihm sehr wohl und glaube, wir werden noch ein gutes Stück auf einem gemeinsamen Weg gehen können.

Jetzt kommt wieder ein Elias. Kennengelernt haben wir uns eigentlich mehr durch Zufall: Als mein Studium zu Beginn in Österreich nicht wie erhofft verlief und ich viele Selbstzweifel hatte, weil die Kommilitonen so viel professioneller waren, habe ich im Netz jemanden gesucht, der mir bei der Gehörbildung weiterhelfen kann. Da bin ich auf Elias gestoßen. Er ist ausgebildeter Tonmeister der Universität Wien und war gerade mit seinem Studium fertig, also haben wir mit Gehörbildung begonnen. Das, was als einfacher Unterricht angefangen hat, hat sich jedoch zu etwas ganz anderem entwickelt. Natürlich hat er mir geholfen, die europäische Musik zu verstehen, die ein vertikales System hat und nicht horizontal funktioniert wie die indische; er hat mir geholfen, die Töne zu erkennen und die Töne richtig zu transportieren, zwischendurch haben wir angefangen zu reden und miteinander zu philosophieren.

Elias ist ein Mensch, der selber viele Fragen hat und auf der Suche ist. Er liest viel, fragt nach der Wahrheit und setzt sich für sie ein. Er ist vielleicht nicht »kirchlich« in dem Sinne, wie es viele meiner anderen Freunde sind, aber Wahrheit, Gerechtigkeit, Frieden und das Gute im Menschen zu entdecken, das ist ihm sehr wichtig. Ich kann guten Gewissens sagen, dass er in vielen Punkten sehr viel christlicher lebt als so manch eifriger Kirchgänger. Aus unseren Unterrichtsstunden entwickelte sich eine Freundschaft auf privater, aber auch auf »beruflicher« Ebene. Elias hat mich, wie schon erwähnt, motiviert, wieder YouTube-Videos zu drehen. Obwohl er kein Filmemacher ist, sondern eben Tonmeister, haben wir die ersten Videos zusammen gedreht.

Mittlerweile hat Elias fast alle meine Lieder gemeinsam mit mir produziert und ist eine ganz wichtige Stütze für mich geworden. Er ist keiner, der zu allem gleich »Ja und Amen« sagt, in manchen Punkten ist er kritisch und hat mich sogar gebremst. Dann aber auch auf neue Wege gebracht. Er hat mir zum Beispiel den Tipp gegeben, nicht wahllos ein Video nach dem anderen zu veröffentlichen, sondern nach dem Motto zu verfahren: »Weniger ist mehr.« Regelmäßigkeit verbunden mit hoher Qualität, das, so meinte er, sei der Schlüssel: Die Leute werden dann schon auf dieses Video »warten« und nicht einfach mit Material zugeschüttet. Für diese Expertise von Elias bin ich sehr dankbar. Bis auf wenige Ausnahmen hat er auch alle meine Lieder tontechnisch bearbeitet. Sein Studio ist für mich zu einem »magic room« geworden, einem Ort, an dem manchmal wirklich Wunder passieren: Er kann aus Liedern etwas ganz Erstaunliches herauskitzeln. Er kennt mich und weiß daher, wie er meine Töne mit etwas Technik mit mehr Leben füllen kann.

Als Nächstes möchte ich mein Filmteam ins Spiel bringen, eine wirklich bunte Truppe! Marc von den Philippinen, Marek aus der Slowakei, Horacio aus Uruguay und Marcel, ein Tiroler, der in Wien lebt, und zwei junge Afghanen, die hin und wieder mal einspringen. Ich bin allen auf verschiedene Art und Weise begegnet und habe die unterschiedlichsten Videos mit ihnen gedreht. So vielfältig wie die Menschen dieser Gruppe präsentieren sich eben auch die Videos, die dadurch entstehen, dass jeder daran mitarbeitet. Jeder Einzelne hat ganz eigene Talente und Fähigkeiten, jeder hat seinen ganz eigenen Background, zum Teil arbeitet mein Team professionell fürs Fernsehen oder für die Werbung, zum Teil »nur« privat. Jeder bringt das Seine mit, und so kann aus dem, was ich an Ideen im Kopf und Herzen habe, plötzlich etwas ganz Außergewöhnliches entstehen.

Marc habe ich durch einen gemeinsamen Freund aus Salzburg kennengelernt. Er ist ein sehr offener, aber gleichzeitig auch ein sehr tiefsinniger und spiritueller Mensch mit einem ausgesprochen guten Sinn für Ästhetik. Daher haben wir uns beim Drehen der Videos, auf den langen gemeinsamen Fahrten zu den Drehorten zum Beispiel, lange und viel ausgetauscht und gegenseitig inspiriert. Nur so war es möglich, dass so viel Gutes entstanden ist.

Marek habe ich über Instagram kennengelernt. Er ist einer dieser Menschen, die eigentlich immer positiv eingestellt sind. Das kommt natürlich vor allem der Kreativität zugute, so kann auch mal aus einer Krise etwas entstehen, von dem man vorher noch nicht wusste, dass es da ist. Marek ist aber auch ein »Mann des Details«, er schaut immer ganz genau hin, bevor er sich zufriedengibt. Sein Leben ist geprägt vom Glauben, er kann jede schlechte Situation in eine gute verwandeln, sein Leitspruch begleitet mich jeden Tag: »Sandesh, alles ist gut.« Das ist ganz meine Wellenlänge!

Die Videos, die am Anfang oft sehr schlicht gehalten waren, wurden durch die Arbeit all dieser verschiedenen Menschen immer professioneller und haben mittlerweile hohe Qualität erlangt. Über diejenigen, die bei meinem Kärntner Video »Der Herrgott hat gelacht« mitgemacht haben – das Video, das mir zum Durchbruch verholfen hat und titelgebend für dieses Buch ist –, werde ich noch an entsprechender Stelle ein bisschen mehr verraten.

Nachdem ich ja nicht nur Musik mache beziehungsweise Videos drehe, sondern auch male, möchte ich auch aus diesem Bereich zwei Menschen erwähnen, die mir während eines Malkurses begegnet sind und mit denen ich ein Stück des Weges gemeinsam gehen durfte. Es sind Gernot und Patricia.

Gernot ist leider unerwartet und ganz früh verstorben, ich war vor etwas mehr als einem Jahr, im Winter 2020, bei seinem Begräbnis. Aber die Zeit, die mir mit ihm gegeben war, habe ich lebhaft in Erinnerung. Wir haben, wie gesagt, gemeinsam gemalt und wir hatten einen großen Plan: Wir wollten in Rovinj in Kroatien miteinander eine Hausfassade gestalten. Aufgrund der Corona-Reisebeschränkungen wurde daraus dann nichts, aber im Kleinen waren wir immer durch diesen Traum verbunden.

Mittlerweile durfte ich schon verschiedene Ausstellungen meiner Bilder in Wien und an anderen Orten präsentieren. Das, was ich mit Gernot und Patricia gemeinsam in den Kursen gelernt habe, hat sich stetig weiterentwickelt. Ich habe irgendwann bemerkt, dass es nicht nur die Technik ist, die man in den Kursen lernt und die einen weiterbringt, sondern dass es genauso wichtig ist, sich beim Malen mit Menschen in Verbindung zu bringen. Denn auch bei dieser Ausdrucksform ist es mir wichtig, nicht zu kopieren, sondern man selbst zu sein. Menschen, die dir dabei helfen, das Bild deines Lebens zu entwerfen, sind immer ein großes Geschenk! Darum seien Gernot und Patricia hier erwähnt.

Ganz ausschlaggebend in einem Kapitel über Menschen, die mich auf dem Weg begleiten, sind natürlich meine »Fans«, all jene, die mir auf You-Tube, Facebook oder Twitter folgen, alle die, die meine Ausstellungen und Konzerte besuchen. Klar bleiben mir die meisten von ihnen unbekannt. Bei über 13.000 Followern auf YouTube ist es unmöglich, jeden einzelnen zu kennen, aber mit ein paar wenigen ist dann doch eine persönliche Beziehung entstanden. Zwei von ihnen möchte ich stellvertretend erwähnen.

Edmund geht regelmäßig in unsere Kirche, ihn kannte ich also von Anfang an, seit meinen ersten Tagen in Wien. Er war sofort von meiner Musik und von meinen Bildern begeistert und hat mich ein wenig bei der Hand genommen: Er hat meine Liebe zu Kunst und Kultur erkannt und mich gewissermaßen gefördert, indem er mich in verschiedene Konzerte und Ausstellungen mitgenommen hat. Ohne ihn hätte ich von diesen Veranstaltungen ja nicht einmal gewusst. Geschweige denn die Eintrittsgelder aufbringen können. Edmund hat mich immer dazu ermuntert, mich auf Neues einzulassen, er hat mir auch immer wieder Eintrittskarten geschenkt oder mich eingeladen, ihn und andere Bekannte zu begleiten. Auch mit der deutschen Sprache hat er mir gerade am Anfang immer wieder geholfen, er hat mich geduldig korrigiert, mir gesagt, wie man Dinge korrekt ausdrückt. Er war lange Zeit als Lehrer tätig und so konnte ich von seiner doppelten Begabung und Leidenschaft doppelt profitieren: Seine Geduld als Lehrer, Dinge und Wissen zu vermitteln, hat mich viel gelehrt, seine Leidenschaft als Kunstliebhaber hat mich immer neu bestärkt, mich mit neuen Impulsen zu umgeben und mich selbst immer wieder neu an Liedern, Videos oder Malereien auszuprobieren.

Monika ist ebenfalls pensionierte Lehrerin. Sie stammt aus Oberösterreich und hat den Kontakt zu mir durch gemeinsame Freunde über Facebook und YouTube gesucht. Mittlerweile ist sie wirklich eine meiner »größten Anhängerinnen«. Mehrmals hat sie mich schon in Wien besucht und sogar in einer Fernsehsendung, die über mich gemacht worden ist, ein kleines Interview gegeben. Dafür ist sie extra in aller Herrgottsfrüh von Oberösterreich aufgebrochen, um nach Wien zu kommen. Sie hat einfach frohen Herzens darüber berichtet, wie sie durch meine Beiträge auf YouTube und Facebook neu zum Glauben gefunden hat, wie sie ihren eigenen Glauben und ihre Beziehung zur Kirche darüber neu entdecken konnte.

Bei Monika habe ich zum ersten Mal gespürt, dass man wirklich eine Inspiration für Menschen sein kann. Ich habe ihr nie gesagt »Tue dies oder jenes«, Sie haben ja schon gelesen, dass ich einen großen Unterschied mache zwischen Inspirieren und

Beeinflussen. Monika hat sich aus dem, was ich produziere und veröffentliche, was ich singe und male, das herausgeholt, was sie für sich selbst braucht und was für ihren Lebensweg wichtig ist.

Mit Monika verbindet mich mittlerweile eine echte Freundschaft. Immer wieder treffen wir uns, natürlich soweit es in diesen Zeiten möglich ist. Ansonsten sind wir ganz intensiv über Facebook und YouTube miteinander verbunden. Monika und Edmund stehen stellvertretend für die vielen anderen, die ich hier nicht erwähnen kann. Das würde den Rahmen sprengen. Aber so haben Sie wenigstens einige Menschen kennengelernt, die mich auf meinem Weg hier in Österreich begleiten, die ich kennen, lieben und schätzen gelernt habe. Jeder von ihnen hat dazu beigetragen, dass ich der sein kann, der ich bin. Und ich selber bin dankbar, dass auch ich vielen dieser Menschen auf ihrem Weg ein Stückchen von dem mitgeben konnte, was für sie selbst entscheidend und wichtig ist.

Meine Welt
auf acht Quadratmetern

Natürlich ist die Überschrift dieses Kapitels übertrieben, so viel gleich vorneweg. Ich lebe ja nicht wirklich auf nur acht Quadratmetern. Eigentlich sogar ganz im Gegenteil: Wir sind im Kloster zwölf Franziskaner, in den belebtesten Zeiten leben hier 170 Mitbürger. Viele Teile des Klosters sind heute vermietet und werden ganz anders als nur zu kirchlichen Zwecken genutzt. Es bleibt aber trotzdem noch mehr als genug Platz für uns Brüder zum Leben: Der große, alte Speisesaal – das Refektorium, die umfangreiche Bibliothek, die heimelige Kapelle, der Kreuzgang und überhaupt viele Gänge und Stiegenhäuser zwischen den Gebäudeteilen, die Küche, ein neues Speisezimmer und so fort.

All das sind jedoch Räume, die von allen genutzt werden und die allen gemeinsam gehören. Eigentlich nicht anders als bei jeder Familie zu Hause, nur in etwas größeren Dimensionen. Das stimmt und stimmt doch auch nicht. Seine Frau oder seinen Mann, mit der oder dem man eine Familie gründet, sucht man sich genau aus und normalerweise richtet man sich seine Wohnung auch nach dem persönlichen und gemeinsamen Geschmack ein. Das ist im Kloster schon anders. Ein großer Teil des Gebäudekomplexes steht zum Beispiel unter Denkmalschutz, mit baulichen Veränderungen ist da also nicht viel zu machen. Bei den Dingen, die man gemeinsam entscheiden kann, muss dann immer daran gearbeitet werden, einen gemeinsamen Nenner zu finden, und das ist manchmal gar nicht so leicht: Die Mitbrüder wechseln ja immer wieder und alle Veränderungen sollten daher auch vor dem Hintergrund getroffen werden, dass sie auch für zukünftige Generationen annehmbar und gut sind.

Neben den gemeinschaftlichen Räumen hat jeder von uns ein Zimmer, traditionell »Zelle« genannt, die ihm allein zur Verfügung steht. Das ist mein persönlicher Rückzugsort, das sind meine acht Quadratmeter, die mir alleine gehören. In meinem kleinen Reich gibt es auf den ersten Blick gar nicht so viel zu entdecken, doch der zweite und dritte Blick lohnt sich. Da ich als Franziskaner Armut gelobt habe, habe ich wenig Besitz. Aber im Laufe der Zeit sammelt sich dann doch einiges an. Das Gute aber, wenn man so wenig Platz hat wie ich, ist: Alles, was sich angesammelt hat, besitzt einen Wert. Meine Zelle – ich nenne sie lieber Zimmer – ist mein Schlafzimmer, mein Wohn- und mein Arbeitszimmer.

Wenn Sie eintreten, stehen Sie bereits vor einem Regal und entdecken darin meine Kollektion verschiedener Hüte. Ja, gut behütet soll man sein! Da ist zum einen mein Sommerstrohhut, dann mein ganz normaler Ausgehhut, und dann besitze ich, was etwas ungewöhnlich ist für einen Franziskaner, sogar einen Zylinder. Den habe ich nach dem Drehen eines YouTube-Videos, in dem ich ein Fiaker-Lied singe, von einem Wiener Fiaker-Fahrer geschenkt bekommen. Fiaker sind diese Kutschen, die aus dem Wiener Stadtbild gar nicht wegzudenken sind. Seit ich das Lied aufgenommen habe, weiß ich, dass es sie schon seit dem 17. Jahrhundert gibt, und um das Jahr 1900 über 1.000 von ihnen in der Stadt unterwegs waren, nicht nur für die Touristen wie heute, sondern als eine Art Taxi. Kein Wunder, dass es daher heute einen Fiaker-Platz, ein Fiaker-Denkmal und auch das Fiaker-Dörfl gibt, wo früher besonders viele Fiaker wohnten. Und jetzt gibt es auch noch das Fiaker-Lied, gesungen von einem indischen Franziskaner-Pater! Ist das nicht herrlich?

Doch zurück zu meiner Hutsammlung! Ein Mitbruder schenkte mir eine Kappe, auf der betende Hände und das Letzte Abendmahl zu sehen sind. Der Hut daneben sieht auch aus wie ein ganz normaler Ausgehhut, ich nenne ihn Haru-Haru-Hut. Haru-Haru ist ein Wort aus meiner Muttersprache Kannada und bedeutet »Fliege, Fliege«. Ihn trug ich auch bei einem Video, und er ist mir deshalb sehr ans Herz gewachsen.

Neben den Hüten liegt eine Sonnenbrille, die echt schräg aussieht, wenn ich sie trage, und die – Sie können es sich denken – auch ein wichtiges Utensil beim Filmen war und noch immer ist. Sofort kommen mir Erinnerungen ins Gedächtnis: Das Wiener Donauinselfest ist ein echtes Ereignis, das man sich eigentlich nicht entgehen lassen sollte. Mittlerweile gibt es dieses Musikfestival seit fast 40 Jahren, und sein Motto ist eigentlich schon ein franziskanisches Motto: Umsonst und draußen! Dort bin ich als singender Franziskaner aufgetreten, stilecht mit dieser Sonnenbrille, und mittlerweile vielen schönen Erinnerungen an bereichernde Begegnungen mit Besucherinnen und Besuchern. Natürlich hatte ich meine Gitarre dabei – und siehe da, hier steht ja auch eine Gitarre im Miniformat! Ja, was meine YouTube-Mission betrifft, ist dieses Instrument meine wichtigste Begleiterin.

Es gibt auch ein Regal mit einer Sammlung von verschiedenen Darstellungen des heiligen Franziskus in meinem Zimmer. Eigentlich würde doch eine reichen, fragen Sie sich jetzt vielleicht? Mir ist diese Sammlung jedoch wichtig, denn viele wollen Franziskus in eine bestimmte Ecke drängen. Aber es gibt nicht »den einen« Franziskus und auch nicht »den einen« Franziskaner, der so und so ist. Franziskus war sehr vielseitig, und auch wir Franziskaner sind alle Individuen, daran erinnern mich die unterschiedlichen Darstellungen des heiligen Franziskus in diesem Regal immer wieder.

Der heilige Augustinus sagte: »Gesungen ist doppelt gebetet!« Ein Satz, wie für mich formuliert! Deshalb kommen hier im Regal nun auch meine CDs mit Gitarrenmusik und klassischer Musik zur Geltung. Gleich daneben liegt mein Ordenskleid aus braunem Stoff und weißem Strick, das Zingulum, worüber ich ja ganz am Anfang des Buches erzählt habe. Daneben steht ein kleiner schwarzer Esel. Auch ihn habe ich geschenkt bekommen. Ich mag Esel, denen man ja nachsagt, sie seien etwas störrisch. Auf so einem Tier ritt Jesus vor mehr als 2000 Jahren nach Jerusalem, nicht hoch zu Ross. Esel sind auch sehr ausdauernde Tiere, und ich glaube, von allen diesen Attributen habe ich auch ein bisschen was abbekommen.

Neben dem Esel stehen wieder Bücher, die ich fürs Gebet und die Gottesdienste brauche. Und weil es bei mir immer wieder um die Balance geht und darum, nicht im kreativen Chaos zu versinken, liegen daneben meine Schlüssel, Belege, Rechnungen und einiges mehr, um das ich mich eigentlich im Alltag kümmern sollte. Nun ja, ich behalte das alles im Auge, und das Gute ist, weglaufen kann es ja nicht.

Meine alte Frühstückstasse steht gleich daneben, die leider zu Bruch gegangen ist. Doch weil Scherben Glück bringen sollen, habe ich sie aufgehoben. Oder geht es dabei vielleicht auch ums »Nicht-loslassen-Können«, wovon im Buddhismus immer mal wieder die Rede ist? So oder so, ich finde, sie bereichert mein buntes Regal!

Darin finden wir jetzt noch ein paar Wanderschuhe. Solche robusten Schuhe habe ich in Indien nie gebraucht, doch in Österreich ist das Klima einfach anders, da reichen Sandalen nun mal nicht … Da fällt mir auch gleich wieder eine Geschichte ein: Vor ein paar Jahren drehte ich zusammen mit dem Österreichischen Rundfunk eine Dokumentation. Ein Mann war mit dabei, der, wenn mich nicht alles täuscht, von altem Adel war, was es ja hierzulande noch durchaus gibt. Als die Regisseurin uns vorstellte, sagte er: »Echt jetzt, du willst ein Franziskaner sein? Du hast ja nicht mal die richtigen Schuhe an!« Dabei wies er auf meine Wanderschuhe. Er erwartete sicher Sandalen. »Ich habe nur diese«, sagte ich. »Der deutsche Botschafter in Indien hat sie mir geschenkt.« Das konnte ihn nicht überzeugen. Offenbar waren seine Vorstellungen von einem »waschechten« Franziskaner andere. Damals konnte ich noch nicht so gut Deutsch und habe dann lieber nichts mehr gesagt, um nicht noch mehr Verwirrung zu stiften.

In der Zwischenzeit kamen noch ein Paar normale Schuhe dazu, außerdem ein Pärchen Sportschuhe, und, ja, tatsächlich auch Winterstiefel, die ich ebenfalls geschenkt bekommen habe. Leider konnte ich sie noch nie tragen, weil es in Wien so gut wie nie schneit! Das war wohl wirklich besonderes Glück gewesen, dass es am Tag meiner Ankunft aus Indien in Salzburg damals schneite und ich dieses besondere Phänomen direkt mit als Erstes erleben durfte.

Noch ein rascher Blick nach unten: Dort liegt ein wenig schmutzige Wäsche, dafür schäme ich mich allerdings nicht.

Ein bisschen schmutzige Wäsche hat doch jeder von uns, nicht wahr? Das Schöne ist, man kann sie waschen, dann ist sie wieder sauber. An der Seite hängt ein Schirm, der auch einmal eine Hauptrolle in einem meiner Filme spielen durfte. Fällt Regen vom Himmel – was im Unterschied zum Schnee in Wien häufig geschieht –, bin ich immer gut beschirmt. In besagtem Video zeigte ich übrigens, was man alles aus einem Habit zaubern kann, da kam auch der Schirm zum Vorschein. Erinnern Sie sich an Mary Poppins? Die trat auch immer mit Schirm auf und hat dann alles Mögliche aus ihrem Koffer gezaubert.

Nun kommen wir zu einer Tür, hinter der sich das Badezimmer verbirgt. Die Tür selber dient mir als riesige Pinnwand: Was gerade wichtig ist, und auch, was nicht so wichtig ist, aber in Erinnerung bleiben will, wird hier angeheftet. Zum Beispiel ein Zitat von Shakespeare: »Nichts ist an sich gut oder schlecht – es kommt darauf an, wie du darüber denkst.« Ja, das kann ich durchaus unterstreichen. Daneben steht: »In einem gesunden Körper steckt ein gesunder Geist.« Richtig, das ist, was sich Gott von uns wünscht. Habe ich auch irgendwo ein Zitat über Geduld an der Tür hängen? »Bei uns selbst dürfen wir geduldig sein, denn Gott ist auch geduldig.« Mit Geduld kommt man ans Ziel! Es ist gut, dass ich mich immer wieder selbst daran erinnere, denn meine Ziele sind das Gitarrenspiel, das Singen, die Gehörbildung, meine Filme auf YouTube, mein Deutsch zu verbessern und meine Malerei. Fehlt da nicht Gott? Muss es nicht mein Ziel sein, zu Gott zu finden? Das geschieht, weil ich weiß, dass alle Teilziele mich zu Ihm bringen. Dafür bin ich auch sehr dankbar, und deshalb klebt hier eine Karte an der Tür, auf der in dicken Lettern steht: »Danke!«

Anders als bei Hausführungen sparen wir uns bei mir treppauf, treppab zu laufen und von einem Zimmer ins andere zu müssen. Bei mir genügt es, wenn Sie sich jetzt etwas zur Seite drehen. Da steht ein Schrank, und auf seiner Tür klebt mein Wochenplan. Der ist sehr wichtig! Auch wenn ich Ihnen gerade meine kleine Welt in meinem kleinen Zimmer näher bringe – das Hauptaugenmerk bei uns im Kloster liegt natürlich auf der brüderlichen Gemeinschaft. Und diese ist mit gewissen Pflichten und Diensten verbunden, so wie das in jeder Familie der Fall ist. Dazu kommt, dass wir nicht nur in unserem eigenen Haus und unserer eigenen Kirche arbeiten, sondern zum Beispiel außerhalb als Schulseelsorger in einer von franziskanischen Schwestern geführten Grundschule in Wien. Ebenfalls habe ich hier den Plan der Wiener Straßenbahnlinien hängen und vergewissere mich, bevor ich mich auf den Weg irgendwohin mache, dass ich auch weiß, wo ich umsteigen muss.

Nun wären wir fast wieder über eine Gitarre gestolpert, die hier auch wirklich überall herumstehen. Passend dazu der Spruch, den ich gut sichtbar auf meinem zweiten Schrank stehen habe: »I love my guitar – Ich liebe meine Gitarre!« Klingt vielleicht in manchen Ohren ein wenig banal, und deshalb betone ich es umso lauter: Ich liebe sie wirklich, meine Gitarre, denn sie hat mir die Identität verliehen, die ich heute habe. Und weil ich diese Liebe gerne mit allen Menschen teilen möchte, spiele ich auf diesem Instrument, sooft es meine anderen Pflichten zulassen. »Alles, auch das Kleinste, was wir tun, ist mit Liebe getan, es wird strahlen, schön werden und wird uns voranbringen zu Ihm, zu Gott, der die Schönheit ist.« Ich werde ganz rot (obwohl man mir das natürlich nicht ansieht), falls Sie das auch für Shakespeare halten, wo es doch ein Originalzitat von Sandesh Manuel ist. Weil es hier ebenfalls an der Tür des Schranks verewigt ist, kann ich Ihnen versichern: Es ist mir sehr wichtig, auch das Kleinste, was ich tue, mit Liebe zu tun.

An dieser Stelle möchte ich noch einmal darauf zurückkommen, dass jeder Mensch seinen Wert hat und es überhaupt keine Rolle spielt, ob er »große« oder »kleine« Dinge tut: Solange er sie in Liebe tut, werden sie ganz von selbst strahlend schön werden und uns zu Gott bringen, der die Schönheit ist. »Denn dein ist das Reich und die Kraft und die Herrlichkeit«, heißt es im Vaterunser. Jedes Mal, wenn ich diese Worte ausspreche, blicke ich um mich, und dann sehe ich dieses Reich, diese Kraft und diese Herrlichkeit vor mir! Ein Spaziergang unter den wunderbaren Bäumen im Prater genügt völlig, oder draußen vor der Stadt im Wienerwald: Überall ist Gottes Herrlichkeit zu sehen. Dann fällt neben einer prächtigen Eiche mein Blick auf ein kleines Stückchen Moos und ich bewundere seine zauberhafte Struktur. Ja, die Herrlichkeit ist überall, im Großen wie im Kleinen, und das ist bei uns Menschen genau dasselbe!

Ich weiß, dass sämtliche Ratgeber der Welt, egal aus welcher Tradition sie kommen, diesen einen Rat geben: »Lebe jetzt!« Die Vergangenheit ist vorbei, die Zukunft noch nicht da – ein klarer Fall eigentlich: Jetzt leben, heißt wirklich leben. Und doch fällt es uns oft schwer, und ich selbst bilde da keine Ausnahme. Wir hadern mit dem, was in der Vergangenheit vermeintlich schiefgelaufen ist, und wir fürchten uns vor der Zukunft. Deshalb habe ich auch diese kurze Aufforderung an meinem Schrank hängen, damit sie mich jeden Tag daran erinnert: »It's Now!«, steht da, unser Leben geschieht jetzt. Probieren Sie es doch mal aus, falls es Ihnen auch so ergeht, dass sich die Vergangenheit immer wieder in ihr jetziges Dasein schleicht oder die Zweifel an der Zukunft: Diese Worte, irgendwo in Ihrer Wohnung an einem hervorgehobenen Platz, sodass Ihr Blick im Vorbeigehen immer wieder darauf fällt, wirken Wunder. Etwas prägnanter formuliert: Die Botschaft gräbt sich ins Unterbewusstsein ein, was wiederum unser Bewusstsein steuert. Damit gelangen Sie einfacher in die Gegenwart zurück, falls Vergangenheit und Zukunft wieder einmal an Ihnen zerren sollten.

Dann steht hier noch ein Zitat aus der Bibel, wenn man so will, eine meiner Lieblingsstellen, Josua 1,9: »Gott sagt, hab keine Angst und lass dich durch nichts erschrecken, denn ich bin bei dir, wohin du auch gehst.« Auch dieser Satz wird Sie enorm stärken, wenn er erst einmal in Ihrem Inneren verankert ist. Über Angst haben wir ja schon mehrfach gesprochen. Sie hat ihre Berechtigung, indem sie uns umsichtig macht – ohne Angst eine Straße zu überqueren, ist einfach nicht ratsam. Ohne Sauerstoff den Mount Everest besteigen zu wollen und ohne echte Bergsteigererfahrung, auch nicht. Doch die Angst kann uns in unserem Fortkommen und unserer Weiterentwicklung auch sehr behindern oder gänzlich stoppen. Ich habe Ihnen von meiner Angst vor der Dunkelheit erzählt und wie hinderlich sie doch war. Vertrauen wir auf Gott! Lassen wir uns nicht erschrecken, denn Er ist bei uns, egal, wohin wir unsere Schritte lenken.

Manchmal muss man auch auf Reisen gehen, eigentlich ist mein ganzes Leben ja eine einzige große Reise. Und dazu brauche ich meinen Koffer. Der liegt oben auf dem Schrank und hat schon einiges gesehen von der Welt. Vor einigen Monaten war er zusammen mit mir mal wieder in Indien. Da habe ich meine Familie besucht, was endlich wieder möglich war. Dabei habe ich gemerkt, was Sie sicher auch schon alle gemerkt haben: Ein echter Besuch ist halt doch eine ganz andere Sache als ein virtuelles Treffen. Und das sagt Ihnen ein begeisterter YouTuber! Natürlich bin ich dankbar, dass es inzwischen so leicht möglich ist, über die verschiedenen Plattformen miteinander zu kommunizieren. Doch als ich mit meinem Koffer in Bengaluru eintraf, meine Eltern begrüßte, die ganze Verwandtschaft, und mein kleiner Neffe und die Nichte auf mir herumkletterten, als sei ich ein Berg der österreichischen Alpen, da war ich geradezu heilfroh über dieses echte Spüren und Begegnen! Sie können meinen Koffer fragen, wie nah mir die ganze Sache ging! Er war dabei und hat das alles mitgekriegt.

Wo wir gerade dabei sind: Es gibt dieses eine Wort, das vor der Pandemie nur wenige Menschen so richtig gut kannten. Inzwischen ist es weit verbreitet und wird auch nicht mehr ganz aus unserem Leben verschwinden. Ich spreche vom Homeoffice. Ich habe natürlich auch eines in meiner Acht-Quadratmeter-Zelle, und diesen Bereich haben wir jetzt erreicht. Ganz schön erstaunlich, was sich hier alles an Gerätschaften versammelt, aber so ist das eben, wenn man Filme drehen will. Ab einem gewissen Grad der Professionalität reicht ein Smartphone dann doch nicht mehr aus. Deshalb gibt es hier eine Kamera, ein Mikrofon, die Scheinwerfer. Das richtige Licht ist unheimlich wichtig beim Filmemachen, und Filme muss ich ja eben drehen bei meiner Mission als »YouTubender-Franziskaner«. Wann immer ich dabei ein Stück von meinem Leben mit anderen Menschen teilen kann, fühle ich mich glücklich: Freude durch den Glauben und Gottes Liebe vermitteln, und wie wir dadurch zur Gemeinschaft werden – was kann es Schöneres geben?

Auf dem Fensterbrett habe ich keine Topfpflanze, sondern meine digitale Verbindung zur Welt: den Router fürs Internet. Auch unter dem Fenster steht so allerlei wichtiges technisches Gerät. Und dann ist da natürlich mein Schreibtisch und mein Laptop. Was würde ich ohne ihn tun? Natürlich haben wir immer noch den reichen Bücherschatz der Bibliothek im Haus, aber viele neue Dinge findet man nur im Internet, und der PC dient natürlich auch als Mittel der Kommunikation und als »moderne Schreibmaschine«.

Schön ist das selbst gemalte Bild auf dem Schreibtisch: Es zeigt ein Herz, und ich habe es von einem Mädchen in der Schule bekommen, nachdem es das erste Mal bei der Beichte gewesen war. Als das Mädchen mir das Bild gab, sagte es, dass es sich nach der Beichte glücklich und befreit gefühlt hat. So etwas ist auch für mich als Priester ein ganz besonderes Erlebnis: zu spüren, wie die Freude, die Gott uns schenkt, auf so eine wunderbare Art vermittelt wird. Zu spüren, dass eines der wichtigsten Rituale nicht in der Routine verkommt. Dass jemand mit dem Herzen dabei war! Immer wieder, wenn ich darauf blicke – und das geschieht in meinem Acht-Quadratmeter-Reich schon häufig –, werde ich an dieses besondere Ereignis erinnert. Das hat auch noch einen weiteren positiven Effekt. Auf Englisch sagt man, »energy flows where attention goes«, was bedeutet, dass Energie dahin fließt, wohin wir unsere Aufmerksamkeit lenken. Verbinden wir uns mit positiven Erinnerungen, wie diesem Moment, als das Mädchen mir ihre Zeichnung schenkte, spüren wir den Strom guter Energie, der uns durchfließt. Ich könnte auch göttlicher Energie sagen. Und das verspüre ich häufig in meiner kleinen Zelle, da ich so viele positive Erinnerungen in ihr aufbewahrt habe, an die ich ständig erinnert werde.

Ein Franziskaner-Pater mit einem Beautycase? Tatsächlich, diesem Zweck dient ein Körbchen in meinem Zimmer, in dem eine überraschende Anzahl an Nagelfeilen zu finden ist. Keine Sorge, ich bin kein Schönheitsfetischist, und ich glaube wirklich, dass ich sagen kann, nicht eitel zu sein. Oder ist diese Annahme schon eitel? Jedenfalls hat die Fingernagellänge erstaunlich viel mit gutem oder weniger gutem Gitarrenspiel zu tun.

Lange Nägel, brüchige Nägel, abgekaute Nägel – das alles geht gar nicht, wenn man die Saiten an genau der Stelle auf den Steg drücken möchte, der zwingend nötig ist, um den richtigen Ton zum Leben zu erwecken. Daher, an alle Gitarrenspielerinnen und -spieler da draußen, pflegt eure Nägel – auch wenn du ein Franziskaner-Pater bist! Und dann geht es auch ganz leicht, die Aufkleber von der Folie zu trennen und diese auf den Gitarrenkoffer zu kleben. Der liegt hier, sehr prominent, und ist von vielen solchen Aufklebern verziert: vor allem von Orten, an denen ich schon gespielt habe. Da fällt mir ein, warum auch immer in diesem Moment, was man so als Gitarrist gar nicht gerne hört. »Du bist zu laut« zum Beispiel, was mir als Akustik-Spieler nicht oft passiert, aber den Kolleginnen und Kollegen mit den E-Gitarren ständig. Dann hebe ich meinen Blick noch einmal hoch aufs Regal, wo eine weitere Figur des heiligen Franziskus steht, der auf mich runterschaut. Das hilft, wenn mich ab und zu vielleicht doch die Eitelkeit packen sollte!

Die Tour durch meine acht Quadratmeter ist noch nicht zu Ende, erstaunlich, wie viel auf so wenig Raum gepackt ist! Da ist noch der Wecker, der schon deshalb wichtig ist, damit ich morgens rechtzeitig zur Frühmesse erscheine, doch er weckt ja nicht nur mich, sondern Milliarden Menschen auf der Welt täglich. Daneben steht ein CD-Player, weil ich vor dem Schlafen gerne noch ein paar Takte Musik höre. Dann gibt es weitere Figuren des heiligen Franziskus, der also hoffentlich von ganz nah über meinen Schlaf wacht. Und dann stehen hier noch ein Hase und eine Schildkröte. Was die beiden hier zu suchen haben? Wahrscheinlich kennen Sie das Märchen vom Hasen und vom Igel, die sich zum Wettlauf herausfordern? Der Hase rennt sich die Puste aus dem Leib, doch wann immer er am Ziel ankommt, ist der Igel schon da, weil dieser sich, gerissen wie er ist, einen Komplizen dazugeholt hat. Ein wunderbares Gleichnis mit vielen Parallelen zu unserem Leben: Es geht um einen Machtkampf, es geht darum, dass die Spielregeln von Anfang an nicht eingehalten werden, es geht darum, dass einer der Beteiligten daran scheitern wird, und es geht um Frustration. In Indien wird diese Geschichte anhand eines Hasen und einer schlauen Schildkröte erzählt. Ich kann dieser Parabel so viel abgewinnen!

Platz hat auf meinem Nachttisch dann auch noch dieser kleine Fisch, den mir meine Nichte gebastelt hat. Sie und mein Neffe sind ein Anker, der mich mit Indien verbindet. Dank WhatsApp, Zoom und Co. bleiben wir wenigstens in digitaler Verbindung – doch noch viel besser war es, als wir uns vor Kurzem endlich wieder treffen konnten! Neben dem Fisch liegt eine Keramik-Kachel aus Italien, ein Geschenk eines guten Freundes, mit dem Abbild – und jetzt nicht überrascht sein! – des heiligen Franziskus. Und dann steht hier noch eine Dose Meersalz. Meine Heimatstadt liegt zwar, wenn man so will, zwischen zwei Meeren, doch sowohl das Arabische Meer im Westen als auch der Golf von Bengalen im Osten sind doch ziemlich weit entfernt. Gut so, zumindest für mich, denn ich bin kein großer Meeresfreund: Der Wind ist mir zu windig, die Wellen sind mir zu wellig, und leider bin ich ja auch kein besonders guter Schwimmer. Was ich aber mag, ach was, was ich geradezu liebe, ist Meersalz! Darin ist das Aroma der Ozeane enthalten, und davon kann ich nicht genug bekommen. Ständig liege ich meinen Mitbrüdern in den Ohren, beim Kochen mehr von diesem wunderbaren Salz zu verwenden, und ständig kriege ich zu hören, dass wir besser nicht so salzreich essen sollen. Ein Dilemma! Doch es steckt natürlich noch mehr dahinter, warum es diese Dose auf den Nachttisch geschafft hat und nicht im Regal gelandet ist, oder in der Küche bei den anderen Gewürzen: Im übertragenen Sinne bedeutet dieses Salz, dass wir unsere Einzigartigkeit nicht verlieren dürfen. Ähnlich wie beim Schnee ähnelt kein Salzkristall dem anderen. Daran werde ich immer wieder aufs Neue erinnert, wenn mein Blick auf die Dose mit Meersalz fällt – das erste Mal gleich am frühen Morgen, wenn ich aufwache.

Wenn ich im Bett liege und meinen Arm ausstrecke, dann spüre ich sie und weiß, dass sie da ist: meine Gitarre, besser gesagt, meine Lieblingsgitarre. Dass ich mehrere dieser wunderbaren Instrumente besitze, liegt nicht an Sammlerwut, sondern ist der Tatsache geschuldet, dass verschiedene Spielarten verschiedene Gitarren benötigen. Deshalb habe ich ein E-Gitarre, die ich an einen Verstärker anschließen kann, aber auch die ganz klassische Gitarre, die genauso laut spielt, wie man zupft oder die Saiten schlägt. Hinter meinem Bett steht noch eine, doch die habe ich geborgt. Auf dem Bett, das ich übrigens ganz kokett als meine »Freundin« bezeichne, thront das Pokémon-Baseball-Cap, das mir so manche Aufmerksamkeit und auch so einigen Unmut eingebrockt hat. Dabei habe ich dieser Mütze nur eine neue Heimat gegeben, wenn man so will, als sie von einem Kirchgänger vergessen wurde und der Messner sie später wegwerfen wollte. Ich nahm mich ihrer an und trug sie bei einem YouTube-Video. Mittlerweile trage ich zwar immer noch Baseball-Kappen, aber mit anderen Symbolen, etwa dem Tau, dem Franziskanischen Kreuz. Ich will ja keine Pokémon-Schleichwerbung machen. Gut ausschauen tut das Cap trotzdem.

Ach ja, mein Bett: Das ist der Ort, wo ich nachts schlafe, falls mir nicht irgendetwas den Schlaf raubt, was immer mal wieder vorkommt. Hier ruhe ich mich auch tagsüber hin und wieder aus und höre Musik. Als ich noch jünger war, hatte ich eines Tages eine wahrlich verrückte Idee: Dieses Bett mache ich erst wieder, sagte ich mir, wenn ich den Sinn des Lebens gefunden habe. Nun sehen mich die Angestellten im Büro gegenüber morgens als erste Amtshandlung mein Bett machen, falls sie das sehen wollen, was ich eigentlich nicht glaube, denn es gibt Aufregenderes im Leben. Trotzdem habe ich den Sinn des Lebens noch nicht wirklich gefunden, auch wenn ab und zu so etwas wie eine Ahnung aufblitzt. Das erzähle ich Ihnen, damit Sie mit mir erleichtert sein können, dass ich diese verrückte Idee mit dem nicht gemachten Bett wieder aufgegeben habe. Jetzt komme ich beim Schreiben etwas ins Grübeln: Doch, eigentlich habe ich den Sinn meines Lebens gefunden. Zumindest glaube ich, dass ich auf dem richtigen Weg bin. Ich habe mich entwickelt – und ich wiederhole gerne, wie wichtig Entwicklung für uns Menschen ist. Ich habe Fehler gemacht, weil ich viel ausprobiert habe und auch vieles anfing und nie zu Ende brachte. Doch meine Berufung und meine Musik sind mir geblieben, sind in mir gewachsen, haben mich wachsen lassen, haben mich einer Entwicklung unterzogen und stehen für den Sinn in meinem Leben. Die Musik wird auch hier in meinem kleinen Reich durch die Gitarre repräsentiert. Meine Berufung wird durch das Taukreuz dargestellt, das der heilige Franziskus für sich gewählt hat und das in meinem Regal einen Ehrenplatz hat.

Das Taukreuz wird auch Antoniuskreuz genannt. Es hat die Form des Buchstaben »T«, leitet sich vom Buchstaben »Tau«, dem letzten Buchstaben des hebräischen Alphabets ab und wird im Buch Ezechiel erwähnt. Für Franz von Assisi war dieses Kreuz sowohl Segenszeichen als auch das Zeichen von Demut und Erlösung. Das ist auch, was ich im Taukreuz sehe und empfinde. Es ist mir sehr ans Herz gewachsen. Nicht zuletzt deshalb dient es mir jetzt auch als Kopfschmuck.

Nun sind wir fast durch, und wahrscheinlich staunen Sie genauso, wie ich es jetzt beim Schreiben tat: Auf wundersame Weise erscheint meine Zelle doch größer zu sein, als sie ist. Doch Sie wissen ja, wie ich zu Wundern stehe, nämlich so, wie es Thomas von Aquin formulierte: Für Wunder muss man beten, für Veränderungen aber arbeiten. Ich bete viel hier im Kloster, aber ich arbeite auch sehr viel für die Veränderung, und darüber legt meine Zelle Zeugnis ab. Veränderung und Entwicklung ist auch das Thema einer Botschaft, die ich mir an die Tür gepinnt habe: »Du bist kein Kind mehr, sondern du bist jetzt ein Erwachsener«, steht da. Auf diesen Satz blicke ich jeden Abend, bevor ich zu Bett gehe, erinnere mich daran und denke über mich selbst nach. Ein weiterer Spruch macht sich ebenfalls das Thema Wunder, Veränderung und Entwicklung zum Gegenstand: »Ich bitte nicht um Wunder und Visionen, sondern um die Kraft für den Alltag, oh Herr, lehre mich die Kunst der kleinen Schritte.« Vielleicht kennen Sie ihn, er stammt von Antoine de Saint-Exupéry, dem Verfasser des »Kleinen Prinzen«. Vor diesen kleinen Schritten haben wir oft große Angst – und doch kann ohne den ersten noch so kleinen Schritt keine Entwicklung stattfinden. Während meiner Gehör- und Sprachbildung bekam ich einen sehr schönen Spruch geschenkt: »Ich kann nicht – Wer das sagt, setzt sich selbst Grenzen. Denken Sie an die Hummel. Die Hummel hat 0,7 Quadratzentimeter Flügelfläche bei 1,23 Gramm Gewicht. Nach den bekannten Gesetzen der Aerodynamik ist es unmöglich, mit diesem Verhältnis zu fliegen. Doch die gute Hummel weiß das nicht – sie fliegt einfach.« »C'est la vie!«, steht auf Französisch darunter, »So ist das Leben!«. Es ist gut.

Das ist vielleicht die Kernbotschaft, die von meiner kleinen Zelle hinaus in die Welt gehen soll: Dass wir auf uns schauen, dass wir uns umeinander kümmern, dass wir gesund bleiben und auf die Gesundheit aller achten. Dieses Leben ist ein Geschenk, und dafür lohnt es sich, dankbar zu sein.

Man kann nicht nichts tun

Was ich hier als Kapitelüberschrift gewählt habe, ist ein Spruch, den man häufig von mir hört. Und es stimmt auch, man kann nicht nichts tun. Selbst in der Vipassana Meditation, wo ein Außenstehender denken würde, die Leute dort machen ja nichts, die sitzen bloß rum und starren die Wand an. Doch selbst dieses Anstarren der Wand ist etwas; dabei zu atmen ist etwas; dabei die einströmenden Gedanken zu betrachten ist etwas; und der schmerzende Rücken, der ist auch was. Das ist der Menschen Los: Selbst wenn wir augenscheinlich nichts tun, tun wir immer etwas. In Indien, wo in manchen Bundesstaaten Affen frei leben, sagt man gerne: »Deine Gedanken sind wie ein Affe, sie springen von Baum zu Baum.« Es heißt aber auch in der indischen Tradition: »Alles was kommt, geht.« So, wie der Moment, in dem wir leben, der Atem, den wir jetzt gerade schöpfen. Vielleicht bin ich deshalb gerade ein wenig trickreich? Ich lebe im Augenblick, in dem ich Buchstabe für Buchstabe, Wort für Wort und Satz für Satz aufs Papier bringe. Gleichzeitig springen meine Gedanken wie ein Affe zurück in die Vergangenheit, um die Geschichten von damals in diese Gegenwart zu bringen, damit Sie davon in einer baldigen Zukunft lesen können. Das ist doch schlau, oder?

Dazu kommt mir noch eine schöne Erinnerung in den Sinn: Ich hatte häufiger Lehrer, die mithilfe von Gleichnissen oder praktischen Aufgaben uns Schülern etwas nahebringen wollten. Gut möglich, dass ich von ihnen diese Praxis übernommen habe, als ich später als Priester in Bengaluru Ähnliches während der Gottesdienste tat. Jedenfalls brachte einer der Lehrer Früchte mit und verteilte sie an uns Schüler mit der Aufgabe, diese zu essen, ohne dass uns jemand dabei beobachten kann. Wir waren natürlich alle sehr einfallsreich, versteckten uns unter den Tischen, hinter den Türen, was auch immer uns einfiel. In diesem Alter ist man im Versteckspielen ohnehin noch ganz große Klasse. Und klein genug, dass jedem das Verstecken leichtfällt! Am Ende trafen wir uns alle wieder im Klassenzimmer, hatten die Frucht aufgegessen und waren glücklich, dass uns niemand dabei gesehen hatte. Bis auf einen Jungen. Der ging zu dem Lehrer und gab ihm die Frucht zurück. Er könne die Aufgabe nicht erfüllen, sagte er, denn Gott schaue immer auf ihn. Um es vorweg zu sagen: Ich war nicht dieser Junge, und wenn ich jetzt darüber schreibe, würde ich gerne wissen, was aus ihm geworden ist. Egal, ob wir jemanden lieben oder hassen, ob wir jemandem helfen oder ihn betrügen, ob wir die Wahrheit sagen oder es nicht tun – es ist immer jemand da, der das weiß. Und der dann oft über unsere innere Stimme mit uns spricht und die Wahrheit betont. So wie wir nicht nichts tun können, können wir auch die Wahrheit nicht begraben. Sie ist immer da, sie bleibt und sie umgibt uns.

Als ich dann tatsächlich irgendwann Priester in Bengaluru war, ging ich mitunter ganz ähnlich wie dieser Lehrer vor. Wenn Sie sich die Masse an Menschen vorstellen, die an einem einzigen Sonntag zur Messe kamen: über 2.000 Menschen zu jeder der zehn Messen pro Tag, dann können Sie sich vorstellen, wie schnell sich mein Ruf verbreitete. Dabei waren die Franziskaner ohnehin schon beliebt, da sie umgänglich und offen waren und Predigten hielten, die den Menschen gefielen. Bei mir war es zum einen die Gitarre, die damals schon zum Einsatz kam. Zum anderen waren es die kleinen Spiele, die ich in den Gottesdienst einbaute. Einmal rief ich ein paar Kinder nach vorne zum Tauziehen. Eine Allegorie wäre natürlich gewesen, jeweils gleich starke Kinder an ein Tauende zu bitten, um den Anwesenden das Gleichgewicht der Kräfte klarzumachen. In dieser Predigt ging es jedoch um Geduld und Ausdauer, und deshalb tat ich das Gegenteil: An einem Tauende stand ein großes, kräftiges Kind, am anderen ein kleines. Klar, wer den kleinen Wettkampf für sich entschied. Danach fragte ich den Verlierer, wie er sich fühle, und seine Antwort war. »Ich bin traurig.« »Es werden noch einige Situationen wie diese in deinem Leben passieren«, sagte ich ihm, doch eigentlich sagte ich es den 2.000 Menschen in den Kirchenbänken. »Dann erinnere dich daran, dass wir geduldig sein müssen und Ausdauer darin haben, zu wachsen, stark zu werden und uns zu entwickeln. Das Gebet und die Geistesgegenwart können uns dabei helfen.« Der traurige Junge nickte, weil er verstand. Die Menschen, die zuhörten, waren auch auf einmal ganz still geworden. Eben hatten sie noch gelacht, weil sie noch nie ein Tauziehen in der Kirche erlebt hatten. Danach rief ich drei weitere Kinder in seinem Alter und seiner Größe herbei, und nun versuchten sie es zu viert gegen das große Kind. Dieses Mal musste es den Sieg der Übermacht überlassen, also fragte ich: »Und wen möchtest du jetzt an deine Seite rufen?« Wie erfreut war ich doch, als die Antwort nicht lautete: »Ein paar Kinder in meinem Alter, und dann werden wir es denen schon zeigen!« Nein, ich hörte: »Ich möchte gerne Ausdauer, Geduld, Gebet und Geistesgegenwart an meine Seite rufen.« Es ist schon ganz erstaunlich, wie sehr bedeutungsvolle Botschaften in unsere Seele eingehen, wenn wir sie mit einem praktischen Beispiel und möglichst mit Spaß und Spiel verbinden!

Ein anderes Mal baute ich vor dem Altar einen OP-Tisch auf. Es gab ein Laken und eine weiße Decke, und ich verwandelte mich quasi in einen Doktor. Natürlich humorvoll und witzig, denn das war in diesem Spiel auch mein Anliegen, wenn auch mit einem ernsten Hintergrund. In der Predigt war es um die Frage gegangen: »Was steckt in uns?« Was antworten wir, wenn uns jemand diese Frage stellt? Würde jemand in uns hineinblicken, was könnte er sehen? Was ist in unserer Seele, was lastet oft in unserer Seele? Ist es Geld, Gier und Gold? Oder ist es Liebe, Hoffnung und Bescheidenheit? Während ich darüber sprach, hatte ich einen »Patienten« zu mir gerufen. Als er auf dem Tisch unter der Decke lag, zog ich allerhand kuriose Sachen »aus ihm heraus« – einen Fußball oder eine Spielekonsole. Die Menschen, die zur Messe gekommen waren, lachten. Und doch, das erfuhr ich später im persönlichen Gespräch von vielen Leuten, verstanden sie sehr genau, was ich meinte. Einen gibt es, der weiß, was in uns steckt, und das ist Gott.

Nun habe ich schon zweimal erwähnt, dass bei diesen Predigten immer wieder herzlich gelacht wurde. Damit schließt sich ein Kreis, und Sie verstehen vielleicht noch ein bisschen besser, was mich umtreibt und antreibt und warum ich nicht aufhören kann, etwas zu tun, weiterzumachen. Wir sind seit viel zu langer Zeit daran gewohnt, dass es in der Messe nichts zu lachen gibt. Der Titel dieses Buches heißt »Der Herrgott hat gelacht«, doch in der Kirche sehe ich betretene Gesichter und spüre belastende Stille. In der indischen Kirche sah ich lachende Gesichter und spürte fröhliches Zusammensein. Und glauben Sie mir, die Menschen dort waren trotzdem nicht weniger andächtig. Auch die traurigen Menschen, die kranken Menschen und Menschen, die von Sorgen bedrückt waren und sagten: »Bei mir gibt es gerade nichts zu lachen«, fanden ihren Platz. Und gingen hoffnungsvoller wieder nach Hause, denn das ist die Botschaft, die uns der lachende Herrgott geben möchte: Die Hoffnung macht uns stärker.

Was das angeht, gab es für mich nie einen Unterschied: Wenn ich die Messe las oder Kinder taufte, Ehen schloss oder Begräbnisse abhielt – die Hoffnung kam nie zu kurz. Da Bengaluru eine große Stadt ist und allein schon meine ganze Verwandtschaft und Bekanntschaft mich um kirchliche Zeremonien bat, kam ich in drei Jahren auf 360 Taufen, 220 Hochzeiten und 300 Begräbnisse. Sie werden mir zustimmen, wenn ich heute schreibe: Da war ganz schön was los in dieser Zeit! Doch was bedeuteten all diese Feiern für mich selbst? Oh ja, das Leben eines Priesters kann ganz schön bunt sein mit all seinen Vor- und Nachteilen. Was ich am Priestertum mag, ist die Möglichkeit, so viele Menschen zu treffen. Manchmal werde ich fast ein Teil der Familie. Manchmal entstehen wunderbare Freundschaften. Und aus diesen Freundschaften wiederum kann Neues entstehen, kann Entwicklung entstehen.

Ich diskutiere oft und mit viel Hingabe mit Menschen darüber, was denn diese viel zitierte Sünde ist und was nicht. Wir können uns gerne fragen, wofür uns Gott verurteilen würde und wofür nicht. Diese Frage zieht sich wie ein roter Faden durch die Geschichte des Christentums wie auch durch alle anderen Religionen. Und immer wieder schwingen sich Menschen auf und geben kund: »Ich kenne die Antwort! Ich habe dieses Wissen, an dem alle anderen vor mir gescheitert sind.«

Mal davon abgesehen, dass so etwas nichts mit Demut zu tun hat, sich derart Gott-gleich zu geben – bisher waren sie alle in die Irre geleitet. Nur eine Vermutung liegt nahe: Wenn Menschen etwas nicht aus Liebe tun, dann ist es eine Sünde. Wenn Gott uns nach seinem Bild geschaffen hat – wer sind wir zu entscheiden, was an diesem Bild aufzugeben ist und was nicht? Gott hat uns die bedingungslose Liebe geschenkt, und bedingungslos bedeutet: Es gibt keine Bedingungen, keine Vorbehalte, keine Beschränkungen, keine Voraussetzungen, keine Grenzfälle, solange die Liebe der Hauptgrund des Handelns ist. Man kann sich aber auch nicht davon abwenden, dass Gott uns die bedingungslose Liebe geschenkt hat und die für viele Menschen eine große Aufgabe bedeutet, an der sie ein Leben lang wachsen können. Und das tun wir, weil wir nie nichts tun können.

Das Glück der kleinen und großen Dinge

Vielleicht haben Sie den Begriff Vipassana schon einmal gehört, oder womöglich selbst diese älteste Meditationsform Indiens ausprobiert? Sie ist über 2.500 Jahre alt, ist keiner bestimmten Religion zugehörig und hat das Ziel, geistige Unreinheiten zu beseitigen, um am Ende das Glück der vollkommenen Befreiung zu erfahren. Das ist natürlich eine echt hohe Hürde, doch wie heißt es so schön: Der Weg ist das Ziel. Und den Weg beschreitet man bei dieser Meditation, indem man sich in Ruhe selbst beobachtet und dadurch die Wechselbeziehung zwischen Geist und Körper erfährt. Dabei, so heißt es, werden die Naturgesetze, die unsere Gefühle, unser Denken, unsere Urteile und unser Handeln bestimmen, erkennbar. Also zum Beispiel die Frage: »Warum tue ich immer und immer wieder etwas, von dem ich doch weiß, dass es mir nicht guttut?«

Jeder von uns hat die beeindruckende Anzahl von sechzig- bis siebzigtausend Gedanken pro Tag. Wie viele Studien nachweisen, sind nur wenige davon positiv – Wissenschaftler sprechen von zwei bis drei Prozent. Was macht das mit uns, wenn man weiß, dass unsere Gedanken zu Gefühlen werden, unsere Gefühle zu Handlungen? Vipassana ist daher ein Weg der Selbstveränderung durch Selbstbeobachtung. Die Naturgesetze, die unser Denken, unsere Gefühle, unsere Urteile und Empfindungen steuern, werden eindeutig erkennbar. Durch Vipassana lässt sich die Achtsamkeit steigern, die liebevolle Güte und das Wohlwollen gegenüber allen Wesen. So habe ich es erfahren, als ich in Indien einen Kurs in Vipassana belegt habe. Das ist jetzt gut zwanzig Jahre her, es war kurz nach der Jahrtausendwende. Zu dieser Zeit studierte ich in Chennai indische Musik und war, das haben Sie bereits gelesen, alles andere als glücklich damit. Chennai liegt am Golf von Bengalen und ist die Hauptstadt des Bundesstaates Tamil Nadu, und damit ging es schon los: Dort spricht man Tamil, eine völlig andere Sprache wie mein vertrautes Kannada, und ich musste beim Studium jedes Mantra, das ich lernen sollte, mühsam Zeichen für Zeichen und Wort für Wort transkribieren. Ohnehin spürte ich inneren Widerstand gegen das Studium der indischen Musik, wo mein Herz doch so sehr an der Gitarre hing, die darin nun mal nicht vorkommt. Ich verbrachte sehr viel Zeit mit meinen einsamen Übungsstunden, und ich dachte viel darüber nach, wo ich in diesem Leben stehe, und wer ich bin.

Damals teilte ich mir ein Zimmer mit Pater Shaji Nikolaus, der sich zur selben Zeit auf seine Doktorarbeit in Buddhismus vorbereitete. Wir waren schon ein Gespann, wie man hier in Wien sagen würde: Ein Franziskaner, der seinen wissenschaftlichen Doktorgrad ausgerechnet in Buddhismus ablegt, und ein Franziskaner, der sich in die Tiefen der indischen Musik begibt und dabei alle Lieder der Götter dieses Universums lernen soll! Hier in Wien lernte ich das schöne Wort Kuddelmuddel kennen, und genauso ein Durcheinander kennzeichnete mein damaliges Leben. Pater Shaji Nikolaus war mir dabei eine Stütze.

Auf unseren Spaziergängen – schon damals liebte ich es, lange Spaziergänge zu unternehmen und mich dabei mit einem klugen Freund zu unterhalten, so wie heute mit Pater Elias, denn wenn die Füße in Bewegung sind, sind es die Gedanken meist auch – erzählte er mir von einer Vipassana-Meditation, die er gemacht hatte, und fragte mich, ob ich das nicht auch mal probieren wolle. Die Aussicht, stundenlang ruhig dazusitzen und vor mich hin zu meditieren, war nicht so reizvoll, doch andererseits war ich neugierig und aufgeschlossen für andere Erfahrungen, und sagte zu. Als ich am vereinbarten Ort ankam, traf ich auf eine freundliche, sehr friedliche Stimmung. Alle trugen weiße Kleidung, was ebenfalls eine beruhigende Wirkung hatte. Man zeigte mir ein winziges Zimmer, das für die nächsten zehn Tage meine Heimat sein sollte. Zwei Betten waren darin, die aus Beton gegossen waren, darauf lagen Strohmatten. Bequem sah das nicht aus. »Hier werde ich kein Auge zumachen!«, schoss es mir durch den Kopf. Nun, das kann ich vorwegnehmen: Es sollte anders kommen.

Zur Einführung trafen wir uns alle in einem riesigen Saal. Es wurde allerhand zu Vipassana gesagt, doch das Wesentliche ließ sich in einem kurzen Satz zusammenfassen: Ihr sollt jeden Tag zwölf Stunden meditieren, hieß es. Morgens um vier Uhr raus aus dem Betonbett, dann gleich mal zwei Stunden meditieren. Und das alles sitzend, wer kann, im Yoga-Sitz, die anderen im Schneidersitz. Ich war das überhaupt nicht gewohnt, und schon nach kurzer Zeit schmerzten mir die Knie, der untere Rücken, der obere auch, die Schultern, und überhaupt alles. Wenn ich die ersten zwei Tage zusammenfassen soll, dann kann ich das in wenigen Worten tun: Alles tat mir weh. Und genau das, hieß es, ist völlig in Ordnung. Beobachte diese Schmerzen, sie sind nur ein Gefühl, sie gehen vorüber.

Wenn sich ein Moskito auf dich setzt und dich sticht, ist das auch in Ordnung. Tue nichts. Verscheuch ihn nicht, erschlage ihn schon gar nicht. Beobachte nur deine Gefühle. Und der Moskito setzte sich auf mich, und nicht nur einer. Es war – wie kann man das am besten ausdrücken – ein seltsames Gefühl zu Anfang, nur die Gefühle zu beobachten. Und eben nicht gegen sie vorzugehen.

Auch wenn mir alles wehtat, auch wenn mein freier Geist gegen die Anordnungen rebellierte – ich nahm das alles sehr ernst und ich hatte nicht vor, aufzugeben. Auf einmal strömten eine Menge Erinnerungen an meine Kindheit in mich hinein – auch viele Dinge, die ich völlig verdrängt hatte und die nicht angenehm gewesen sind, unter anderem die Erlebnisse mit unserem Hausmädchen. Gleichzeitig erlebte ich aber auch eine enorme Ruhe. Auch diese unangenehmen Kindheitserinnerungen waren Gefühle, die ich beobachtete, die in der Tradition des Vipassana weder gut noch schlecht waren, und die sich auch deshalb auflösen konnten. Mit der Zeit verschwanden auch die Schmerzen im Körper. Wir aßen sehr wenig, zwei kleine vegetarische Mahlzeiten am Tag, und doch fühlte ich mich sehr wohl. Wenn ich mich auf der Strohmatte im Betonbett zur Ruhe legte, schlief ich wie ein Murmeltier. Als die zehn Tage vorbei waren, fühlte ich mich geistig und körperlich gereinigt.

»Du warst der Einzige, der alle Meditationen gemacht hat«, erfuhr ich. »Von nun an solltest du Vipassana mindestens eine Stunde lang in deinen Alltag integrieren.« Das sollte natürlich nicht nur ich, das sollten alle. Ob alle das gemacht haben, weiß ich nicht, ich kann nur von mir sprechen: Asche auf mein Haupt, aber ich habe es nicht getan. Um genau zu sein: Sobald ich wieder in meinem Alltag war, praktizierte ich noch einen

Tag lang die Vipassana-Meditation. Und doch blieb etwas hängen, und das hat mit einem tieferen Bewusstsein zu tun. Ich konnte danach noch viel mehr die Welt in ihrer Gesamtheit als das sehen, was sie ist: ein schönes Gottesgeschenk!

Und auch wenn ich heute nicht mehr Vipassana praktiziere, praktizieren wir hier im Kloster natürlich auch verschiedene Formen der Meditation, aber da ist jedem Mitbruder viel Freiheit gegeben. Zwischen Yoga-Sitz und traditioneller Kniebank ist eine große Bandbreite zu finden. Tatsache ist: So wie es für unseren Körper gesund ist, regelmäßig irgendein Training zu machen, um beweglich zu bleiben, so ist es auch für unseren Geist wichtig, regelmäßig trainiert zu werden. Gewissermaßen ein spirituelles Fitnessprogramm. Es ist nicht damit getan, einmal irgendeinen Kurs zu machen, und dann ist es gut für immer. Wenn es um unsere sportliche Fitness geht, kämen wir auch nicht auf so eine Idee. Um das Glück in den kleinen und großen Dingen zu erfahren, brauchen wir unsere Trainingseinheiten. Und eine Struktur, wie bei Vipassana, kann auch helfen. Bei mir ist es eben die Struktur, die wir hier im Kloster leben. Daraus kristallisierten sich im Laufe der Zeit zehn Faktoren heraus, von denen ich glaube, dass sie uns glücklich machen können. Es sind grundsätzliche Erfahrungen, die wie in der Tradition von Vipassana ganz unabhängig davon sind, welche Religion ein Mensch hat, woher er stammt und welcher Kultur er angehört. Jeder Mensch auf dieser Welt strebt danach, glücklich zu sein.

An oberster Stelle dieser Faktoren steht die Dankbarkeit! »Nichts in dieser Welt ist selbstverständlich«, ist für mich dabei ein ganz zentraler Satz. Alles, was wir erleben, alles, was wir haben, ist ein Geschenk! Wenn wir unser Leben auf diese Weise betrachten, entdecken wir unendlich vieles, wofür wir danken können. Und diese Dankbarkeit lässt uns viel bewusster das Leben wahrnehmen, diese Dankbarkeit lässt uns glücklicher werden. Das kann ich Ihnen garantieren. Sie können es einfach mal ausprobieren: Schon morgens, nach dem Erwachen, gibt es die Möglichkeit, dankbar zu sein, nämlich dafür, aufs Neue erwacht zu sein. Das ist keine Selbstverständlichkeit! Dass ich sehen, hören, riechen kann, ist für mich keine Selbstverständlichkeit – ich bin dankbar dafür! Ich bin dankbar dafür, dass ich genug zum Essen habe, dass ich sauberes Wasser habe, dass ich Freunde habe. Das sind Geschenke des Lebens, die mich glücklich machen. Und, auch wenn ich mich wiederhole, sie sind keinesfalls selbstverständlich. Wir wissen alle, dass der Hunger weit verbreitet ist auf der Welt. Wir wissen, dass viele Menschen keinen Zugang zu sauberem Wasser haben. Vielleicht ist uns das nicht so allgegenwärtig, doch es gibt so viele einsame Menschen, die keine Freunde haben.

Sind wir dankbar, macht uns das ausgeglichener. Dankbarkeit heilt die Psyche, den Geist und die Seele. Dankbarkeit führt uns zu einem bewussten Leben und zu einem bewussteren Umgang mit allem, was uns gegeben ist. Deswegen danken wir Gott auch im Gebet, ganz egal, ob wir religiös sind oder nicht. Nichtreligiöse Menschen benutzen nur andere Worte dafür in ihrer Beobachtung dessen, wofür sie danken wollen, sind sie gleich. Das ist der eigentliche Sinn des Vipassana! Ich finde es schön, dass es immer einen Grund zum Danken gibt. Jetzt zum Beispiel möchte ich mich gerne bei Ihnen bedanken, dass Sie mein Buch lesen!

Mein zweiter Faktor des Glücks findet ebenfalls bereits morgens statt. »Beginne den Tag mit etwas Gutem«, lautet er. Das muss überhaupt nichts Außergewöhnliches sein. Ich meine damit auch nicht, aus dem Bett zu steigen und sofort eine zweistündige Vipassana-Session hinzulegen. Es geht um die kleinen alltäglichen Dinge, die dafür sorgen, dass wir den Tag gestärkt beginnen. Warum nicht einfach das Fenster öffnen und die frische Luft einatmen? Am Morgen lohnt es sich ganz besonders, sich mit etwas Gutem, welcher Art auch immer, den Weg in den Tag zu öffnen.

Über negative Gedanken haben wir schon gesprochen: Die Wissenschaft weiß heute, dass diese Abertausende negative Gedanken, die wir täglich haben, ihren Sinn haben. Beziehungsweise hatten, denn sie werden in Verbindung gebracht mit unserem ältesten Gehirnareal. Dort ist abgespeichert, was dem Menschen über die Jahrtausende hinweg das Überleben in einer für ihn oft feindlichen Umgebung sicherte. Alle Urängste, die wir heute noch haben, halfen unseren Vorfahren, umsichtig zu sein. Alle negativen Gedanken wiesen ihn darauf hin, dass eine Situation gefährlich sein kann. Doch heute leben wir in einer anderen Umgebung. Heute sorgen diese abgespeicherten Ängste und die Bereitschaft, alles erst einmal negativ zu sehen, für Frust, Wut und im schlimmsten Fall für psychische Krankheiten. Daher ist es eine Aufgabe und ein Faktor zum Glücklichsein, eine positive Lebenseinstellung zu bewahren. Damit meine ich nicht, die Sorgen wegzulächeln und das Unglück anderer Menschen nicht zu beachten. Was ich meine, ist, wie wir damit umgehen. Wenn wir jammern oder schimpfen, verstärken wir negative Gedanken. Damit ist keinem geholfen, im Gegenteil. Wenn wir über ein Missgeschick fluchen, machen wir es nicht rückgängig, sondern größer. Es gewinnt Macht über uns. Das ist ein ständiges Training, auch für mich als Franziskaner: Ich bemühe mich redlich, keine Schimpfwörter zu benutzen. Gut möglich, dass Fluchen in vielen Religionen deshalb eine Sünde ist, weil Gott uns zeigen wollte, wohin negative Gedanken und Worte führen: Am Ende zu negativen Handlungen. Wenn ich etwas weiß aus meiner Praxis als Priester: Menschen, die oft negativ denken, reden und handeln, sind sehr unglückliche Menschen. Die Menschen, die Leid, Not und das Böse wahrnehmen und versuchen, durch Gutes darauf zu reagieren, sind glücklichere Menschen. Und sie tun etwas anderes und Wunderbares: Sie schenken ihr Glück weiter.

Wie Sie wohl über meinen nächsten Faktor des Glücks denken werden? Er leitet sich aus einem indischen Sprichwort ab. Sie wissen ja, die meisten Menschen haben 32 Zähne, 16 davon im Oberkiefer und 16 im Unterkiefer. Das Sprichwort dazu lautet: »Wir haben 32 Zähne, darum sollen wir jeden Bissen 32-mal kauen«, und so lautet mein Ratschlag auch in Kurzform: »Langsam essen!« Ich rufe ihn mir täglich selbst in Erinnerung, denn manchmal bin ich so ungeduldig, dass ich am liebsten mit zwei Löffeln gleichzeitig essen würde. Also sage ich mir: »Iss langsam!«

Denn im Inneren meines Herzens weiß ich, dass langsames Essen ein wichtiger Faktor ist, um glücklich zu sein. Das beginnt schon mit dem Geschmack: Wer schlingt, kann weder Gerüche aufnehmen noch die einzelnen Zutaten unterscheiden, überhaupt kann er seine Sinne nicht aktivieren. Außerdem dient uns Essen eben nicht nur zum Überleben – Essen darf Genuss sein, Essen hat eine soziale Komponente, weil man gemeinsam isst oder sein Essen teilt. Ich habe Ihnen erzählt, wie bei uns im Kloster das Essen zelebriert wird: Wie der Guardian das Mittagessen mit einem Gebet einleitet, wird. Wie wir uns für die Speise bedanken, auch bei denen, die sie zubereitet haben. Das macht uns glücklich, und es macht die Köchin oder den Koch glücklich. Andere zu bekochen, macht glücklich. Essen aus fernen Ländern lässt uns von dieser Ferne träumen oder ruft schöne Urlaubserinnerungen wach. Essen ist gut für die Seele, Essen ist gut für jene, die es kochen und dabei kreativ sein können, und Essen ist gut für jene, die es genießen dürfen. Daher sollten wir uns viel Zeit fürs Essen nehmen, selbst wenn wir nicht jeden Bissen 32-mal kauen.

»Ein fröhliches Herz macht das Gesicht heiter, Kummer im Herzen bedrückt das Gemüt.« Ich liebe dieses Zitat aus dem Buch der Sprichwörter 15,30 in der Bibel, doch man muss gar nicht bibelfest sein, um daran festzuhalten. Lachen ist ansteckend, und das ist sicher die beste Ansteckung, die wir erfahren können! Lachen schenkt Hoffnung, Lachen macht Mut. Auch übers Lachen gibt es viele wissenschaftliche Untersuchungen. Eine davon weist nach, was schon der Volksmund mit dem Sprichwort »Wie du in den Wald hineinrufst, schallt es heraus« benannt hat. Die Wissenschaftler nennen es Spiegelfunktion: Verbitterte Menschen ziehen verbitterte Menschen an. Zornige Menschen ziehen zornige Menschen an. Im Alltag ist das oft zu spüren. Und lachende Menschen ziehen eben lachende Menschen an.

Von wem wollen wir lieber angezogen werden, wen wollen wir lieber anziehen? Ich rede dabei auch nicht vom Lachen nach einem Witz, oder vom spöttischen oder gar zynischen Lachen über andere, sondern das ganz natürliche Lachen. Warum es das überhaupt beim Menschen gibt, selbst das hat die Wissenschaft herausgefunden: Das Lachen ist eine Friedensbotschaft aus der Epoche der Steinzeitmenschen. Denn wer lacht, kann nicht gleichzeitig zubeißen. Das ist schon von Weitem zu sehen, auch das fanden Wissenschaftler heraus: Das lachende Gesicht eines Menschen können wir aus einer Entfernung von bis zu 100 Metern erkennen. Trafen also früher Menschen fremder Stämme aufeinander, war aus einer weiten Ferne ersichtlich, ob die anderen in friedlichen Absichten unterwegs waren. All diese Signale sind uns heute noch erhalten. Daher reagieren wir positiv auf ein freundliches, lachendes Gesicht. Oder auch dieses stille Lächeln, das von innen kommt und zeigt: Hier ist ein zufriedener Mensch, selbst wenn er nicht immer was zu lachen hat. Probleme lassen sich nämlich nicht weglachen – doch manchmal lassen sie sich weglächeln. Probieren Sie das mal aus! Ich tue es auch – und es gelingt mir zwar nicht immer, doch ich spüre, es wird mehr und mehr ein Teil von mir.

In Indien erzählt man sich folgende Geschichte: Ein Lehrer bat seine Schüler, für alle Mitschüler, Bekannten und Verwandten, die sie nicht mögen oder sogar Feinde nennen, eine Kartoffel mit in den Unterricht zu bringen. Alle waren erstaunt, wie viele Kartoffeln jeder Schüler da anschleppte. Der Lehrer gab ihnen nun zur Aufgabe, diese Kartoffeln ständig mit sich herumzutragen, egal, wohin sie gingen. In der Schule, beim Spielen, wenn sie abends zu Bett gingen. Die Schüler begannen schnell zu murren, denn die Kartoffeln waren schwer und lästig, und obendrein begannen sie irgendwann zu faulen und zu stinken. Da sagte der Lehrer: »Begreift ihr, wie viele Lasten ihr mit euch herumschleppt, wenn ihr euren Ärger und Groll gegenüber all diesen Menschen nicht loslassen könnt?« Ja, die Schüler begriffen das, nachdem sie eine lange Zeit die Kartoffeln mit sich herumgeschleppt haben. Wie groß und wie schwer ist Ihr Kartoffelsack? Ein wichtiger Faktor für das Glück liegt im Wörtchen »Loslassen« verborgen. All der Ärger, all der Groll, alle Enttäuschungen, die wir erleben, und danach immer noch all diese Kartoffeln mit uns herumschleppen – das dürfen wir alles loslassen!

Ein weiterer Faktor des Glücks, den ich als Mensch, der viel in den sozialen Medien unterwegs ist, selbst sehr beachte, lautet: »Vergleiche dich nicht!« Leider tragen die sozialen Medien sehr dazu bei, dass vor allem junge Menschen sich ständig vergleichen und das Gefühl haben, schlecht abzuschneiden. Doch auch Menschen, die ständig ihre Erfolge oder Scheinerfolge der medialen Welt mitteilen, sind in Gefahr: Wie schnell können wir dabei egoistisch und hochmütig werden. Und wie schnell können wir auf der anderen Seite unser Selbstvertrauen und unser Selbstbewusstsein verlieren. Dabei hat jeder Mensch ganz eigene Talente und Fähigkeiten – es gibt keinen, der sie nicht hat! Durch das Vergleichen sehen viele aber nicht mehr, was sie eigentlich ausmacht. Das führt zu Lustlosigkeit, und in schlimmen Fällen zu Selbsthass. Jeder Mensch ist einzigartig! Jeder Mensch hat der Welt etwas zu geben! Egal, ob er vor Gesundheit strotzt oder krank ist, egal, ob er zwei Professoren- und drei Doktortitel hat oder keinen Schulabschluss: Jeder Mensch hat sein Da-sein, was ich bewusst mit Trennungsstrich schreibe: Unser Da-sein ist das Geschenk des Lebens, denn das Leben an sich ist schon ein Geschenk. Nicht umsonst heißt es: Liebe deinen Nächsten wie dich selbst. Nur wenn wir uns selbst lieben, können wir andere Menschen annehmen.

Den nächsten Faktor des Glücks können wir nennen, wie es uns beliebt: Gebet oder Meditation. Das Wörtchen Gebet scheint ein wenig aus der Mode gekommen zu sein, Meditation dagegen ist beliebt und modern – sei's drum. Gerade in asiatischen Kulturen wird zwischen beiden kein großer Unterschied gemacht, und auch in der christlichen Tradition gehen mittlerweile die Begriffe ineinander über. In der Meditation werden wir ruhig und denken über uns und unser Dasein nach. Dasselbe tun wir beim Gebet. Wir können in der Stille meditieren, in der Konzentration auf den Atem oder den Schlag unseres Herzens, aber auch mithilfe von Bildern, Musik und Worten. Das gilt auch für das Gebet: Alles dient dem Ziel, zur

Ruhe zu kommen, im Frieden zu sein, Selbstkontrolle zu gewinnen, sich und anderen zu vergeben, und sich letztlich als befreiter und glücklicher Mensch zu spüren.

»Schenkst du deinem Körper eine Stunde, schenkt er dir 23 Stunden zurück.« Gibt es nicht schöne Sprichwörter in meiner indischen Heimat? Dieses soll uns dazu anleiten, uns um unseren Körper zu kümmern. Das bedeutet in erster Linie, auf seine Signale zu hören: Ist mir warm oder kalt, bin ich wach oder erschöpft, bin ich hungrig oder satt, habe ich Durst? Unser Körper zeigt uns, wenn er etwas braucht – und, das ist in diesem Teil der Welt auch wichtig geworden – er zeigt uns auch, wenn er etwas nicht braucht oder wovon er zu viel hat. Wer lernt, auf diese Signale zu hören, macht automatisch einen weiteren Schritt auf dem Weg zum Glück.

Und schließlich: der Plan. Alles in allem hatte ich immer einen, sogar mehrere Pläne, denn ich hatte ja auch immer Ziele. Das eine bedingt das andere. Wir werden im Leben kein Ziel erreichen, wenn wir keinen Plan haben. Und wir bleiben planlos, wenn wir uns keine Ziele setzen. Niemand von uns soll sein ganzes Leben verplanen, denn meist kommt es ohnehin anders, als wir es planten, und dann sollten wir in der Lage sein, spontan zu reagieren. Es macht auch nichts, wenn wir an einem Plan oder einem Ziel scheitern. Es macht nur etwas aus, wenn wir es erst gar nicht probieren. Stellen wir uns nur mal vor, Jesus hätte gesagt: »Ach was, warum soll ich Jünger um mich scharen, das bringt ja doch nichts, ich lass das alles sein.« Doch Jesus hatte ein Ziel, und er hatte einen Plan. Es gab viele Gegenkräfte, die seinen Plan durchkreuzen wollten. Das werden wir auch erleben, wenn wir etwas planen. Und trotzdem: Unseren Plänen zu folgen macht uns zufrieden. Denn immer wieder klappt es auch und wir erreichen das Ziel. Dann spüren wir tief in uns, was wir Glück nennen dürfen. So war es auch mit diesem Buch. Lange Zeit dachte ich darüber nach. Eines Tages fasste ich den Plan, es zu realisieren. Dann folgte die lange Phase, diesen Plan in die Tat umzusetzen. Nun ist das Ziel erreicht, und Sie halten das Buch in Ihren Händen. Glauben Sie mir, ich bin sehr glücklich darüber!

Der
»Billa-Song«

Der »Billa-Song« – was soll das eigentlich bedeuten? Was ist das für ein Titel? Wer vielleicht einmal in Österreich im Urlaub war, weiß, dass es sich bei »Billa« um eine landesweite Ladenkette handelt. »Billa Supermärkte« gibt es in jeder Stadt und jedem Ort. Ob ich nun auch so ein Franziskaner bin, der Werbung für einen »Konsumtempel« macht? Nein, ganz bestimmt nicht. Und ich kann auch gleich vorwegnehmen, dass ich nichts dafür bekommen habe, den Namen »Billa« in diesem Lied erwähnt zu haben.

Der Grund für dieses Lied, auf das ich heute mit am öftesten angesprochen werde, liegt in einem Thema, das mich sehr umtreibt. Der »Billa-Song« handelt von einem alltäglichen Problem, das nicht nur mich, sondern extrem viele Menschen betrifft: Rassismus. Rassismus gibt es auf der ganzen Welt, er kommt in allen Ländern und Kulturen vor und wird unabhängig von Nationalität, Religion oder Hautfarbe ausgelebt. Es wurden Schwarze von Weißen benachteiligt, asiatische Völker von Afroamerikanern, es gibt Rassisten unter Christen, Juden, Muslimen und in allen anderen Religionen. Rassismus ist also eher ein psychologisches Problem, er hat mit Angst zu tun, Angst vor dem sogenannten »Fremden«.

Xenophobie, die »Fremdenangst« ist der eigentliche Grund. Ängste entstehen, weil Menschen sich bedroht fühlen – ob das nun rationale Gründe hat oder nicht, können Wissenschaftlerinnen und Wissenschaftler besser beantworten als ich. Er könnte seinen Ausgang wohl darin nehmen, dass Menschen Ängste entwickeln, weil sie in ihrem eigenen Sein nicht gefestigt sind, ihre eigene Identität nicht wirklich ausgebildet haben und sie deswegen vor jemandem Angst entwickeln, der in seiner Identität gefestigter ist als man selbst. Es könnte auch daran liegen, dass – aus welchen Gründen auch immer – es plötzlich zu einer demografischen Umstrukturierung kommt. Wenn in einem Stadtviertel plötzlich mehr Migrantinnen und Migranten als »Einheimische« leben, etwa weil dort die Wohnungen billiger sind und die Reicheren in schönere Viertel gezogen sind, dann fühlt sich die kleine Gruppe der Übriggebliebenen plötzlich überrannt. Es könnte aber auch daran liegen, dass Menschen sich wirklich gar nicht erst integrieren wollen und deswegen eine gewisse Gettoisierung vorantreiben. Wie auch immer und egal, aus welcher Richtung sich diese Angst ausbildet – sie ist nie ein guter Ratgeber, sie entzweit Menschen, sie frisst sich in unsere Herzen, die dann nicht mehr zueinander finden können. Rassismus ist eine der größten Bedrohungen für unsere Gesellschaft!

Ich beschreibe das nicht so ausführlich, weil ich mit den Erfahrungen, die ich gemacht habe, andeuten will, dass »der Österreicher« an sich fremdenfeindlich sei. Das Gegenteil ist der Fall: Wien ist eine multikulturelle Stadt, und ich hätte die negativen Erfahrungen, die ich gemacht habe, überall auf der Welt genauso machen können. Ich bin als Franziskaner und Priester nach Europa gekommen, um hier zu studieren, aber auch wenn ich als Gastarbeiter gekommen wäre, oder als Flüchtling, dann hätte ich doch die gleiche Würde, nämlich die eines Menschen. Und diese Würde eines jeden Menschen ist gleich. Ich erwähne die Details »Franziskaner und Priester« auch deshalb so besonders, weil die landläufige Meinung von Christen, von Menschen, die zur Kirche gehen und gläubig sind, die ständig davon hören, dass wir alle Brüder und Schwestern sind, eigentlich eine viel offenere Haltung erwarten lassen sollte.

In Österreich und überhaupt in Europa bin ich rein äußerlich eindeutig als »Ausländer« und »Fremder« zu erkennen. Natürlich hat das mit Hautfarbe zu tun. In meiner indischen Heimat, in der so viele Völker nebeneinander leben, unterscheiden sich die Nuancen der Hautfarben ebenfalls, aber in Europa ist der Unterschied natürlich deutlich offensichtlich. Wenn ich mein Ordenskleid trage, dann merke ich eigentlich – zumindest auf den ersten Blick – nicht so viel von Rassismus. Menschen in Europa sind Priester aus aller Welt gewohnt, von allen anderen Kontinenten der Erde, allein schon aufgrund des Priestermangels und der Probleme mit dem Ordensnachwuchs. So kommen viele Priester, Brüder und Ordensschwestern als »Gastarbeiterinnen und Gastarbeiter« nach Europa.

Auf den zweiten Blick bemerke ich dann aber eben doch rassistische Strömungen. Zwischen den Zeilen merke ich dann schon, dass man »nur« als Gast und somit weiterhin als Fremder gesehen wird. Fremde waren und sind irgendwie willkommen, wenn sie kommen, um zu arbeiten. Gastarbeiter hat man lange ja auch allein aus wirtschaftlicher Hinsicht dringend gebraucht und extra eingeladen, das ist bis heute so – denken wir an Erntehelferinnen oder Pflegekräfte. Und gerade während der Corona-Krise hat unsere Gesellschaft gemerkt, dass hier eine Schieflage herrscht, als diese Arbeitskräfte nicht mehr einreisen durften, ihre Arbeit aber keiner der hiesigen Arbeitskräfte machen wollte.

Das Verhältnis verschiebt sich außerdem, wenn Gastarbeiterinnen und -arbeiter nicht mehr kommen, um wieder zu gehen, sondern bleiben. Ich bin kein Gast. Ich bin mittlerweile Mitglied der Franziskaner-Provinz Austria. Ich habe mich bewusst entschieden, meine eigene Heimat zu verlassen, um hier in Österreich zu leben und den Menschen hier zu dienen und mit ihnen zu leben. Nun ja, wie gesagt, als Franziskaner behandeln mich auch jene, die vielleicht sonst kritischer wären, »respektvoll distanziert«, aber man merkt: Man ist kein Teil von ihnen.

Anders schaut es aus, wenn ich in Zivilkleidung unterwegs bin, wenn man also nicht den Ordensmann, sondern einfach Sandesh Manuel sieht. Da sind schon sonderbare Dinge passiert, Merkwürdigkeiten, die unser Verständnis füreinander und unsere Gutmütigkeit herausfordern: Einmal sprach mich eine Frau an, als ich gerade unser Kloster betreten wollte. Das heißt, »ansprechen« ist nicht ganz das richtige Wort, sie raunzte mich an: »Was wollen Sie hier? Das ist ein Kloster.« Ich blieb höflich und antwortete: »Ich weiß, dass es ein Kloster ist.« Es war, als ob sie mich nicht gehört hätte – und vor allem als ob sie meinte, ich hätte kein Wort verstanden. »Kloster!«, rief sie aufgebracht. »Da, wo Mönche sind!« »Liebe Frau«, antwortete ich, »das weiß ich. Deshalb bin ich hier. Ich bin einer dieser Mönche.« Was soll ich sagen? Sie war beinahe geschockt! Dieser kaffeebraune Bursche will ein Mönch sein?

Ein anderes Mal bin ich mit anderen »Ausländern« in eine Routinekontrolle der Polizei geraten. Ich war auf dem Weg zu einer Prüfung (hätte sie dann auch fast verpasst) und hatte in der Eile nicht alle Ausweisdokumente dabei. Mein Deutsch war noch nicht so gut, meine Verwirrung groß und so wurde mir diese Mischung zum Verhängnis, denn die acht Polizisten begegneten mir sofort misstrauisch: Ich müsse wohl etwas zu verbergen haben. Es hat sehr lange gedauert, bis ich ihnen klarmachen konnte, dass ich Priester und Student bin und unbedingt zu meiner Prüfung muss. Ich habe es gerade noch geschafft.

Ein anderes Mal hat mir eine Frau auf der Straße nachgeschrien: »Ihr habt uns Corona gebracht!« Corona, wunderte ich mich? Die Pandemie nahm ihren Ausgang in Wuhan, das in … Indien liegen soll? Ganz abgesehen von den geografischen Details, die die Frau wohl nicht präsent hatte: Ab diesem Zeitpunkt konnte ich ein wenig nachempfinden, wie sich wohl die Chinesinnen und Chinesen gefühlt haben müssen, denen Ähnliches passiert ist.

Allzu häufig gibt es Menschen, die in der U-Bahn nicht neben mir sitzen wollen, oder plötzlich ihre Taschen näher heranrücken, wenn ich auf sie zugehe, oder ihre Kinder fester an der Hand packen. Als sei ich ein Dieb oder Menschenfresser.

Pater Elias und ich waren während des Lockdowns einmal spazieren, wir wurden kontrolliert, denn es durften ja nur Personen aus demselben Haushalt zusammenkommen. Ein Inder mit einem Weißen aus demselben Haushalt? Das schien den Beamten suspekt. Als wir erklärten, dass wir im selben Haushalt leben und deswegen gemeinsam spazieren gehen dürfen, haben die Beamten noch einen draufgesetzt und süffisant gefragt, was das genau zu bedeuten habe, in welcher »Beziehung« wir stünden. Mit der Antwort, es handle sich bei uns um Ordensleute, haben sie die längste Zeit nichts anfangen können. Oder sie wollten es auch einfach nicht verstehen.

Richtig traurig werde ich bei der Aufzählung all dieser Erfahrungen, wenn Menschen ins Spiel kommen, die sich gläubige Christen nennen. Auf dem Papier des Evangeliums würden auch jene wohl bekennen, dass wir alle Schwestern und Brüder sind, in der Realität verhält sich das anders. Ich sollte einmal eine Aushilfe für einen Mitbruder übernehmen. Er war verhindert, ich sollte stellvertretend einspringen, um den Gottesdienst zu feiern, als ich ohne Ordenskleid das kirchliche Büro betrat, um einen Ansprechpartner zu suchen. Man sagte mir, dass ich hier wohl falsch wäre, für »Bettler« sei hier nicht der richtige Ort. Nachdem ich erklärt hatte, wer ich sei und warum ich hier war, war es der betreffenden Person sehr peinlich, aber über ihre Grundhaltung konnte sie zu diesem Zeitpunkt ja nicht mehr hinwegtäuschen. Ich hoffe trotz allem, dieser Mensch hat etwas gelernt. Und ich habe sicher etwas gelernt: In Zukunft werde ich sagen: »Sie haben recht, ich bin hier falsch!« Und werde gehen. Tschüss!

Das hört sich alles ein wenig deprimierend an, aber ich versuche immer, mir meinen Humor als Lebenselixier zu bewahren. Deshalb beantworte ich auch die Frage, »Weshalb bist du so braun?«, gerne in der Tradition von Georg Franz Kreisler, dem berühmten Wiener Kabarettisten, der in der Nazi-Zeit emigrieren musste und daher ganz genau wusste, was es heißt, vertrieben und fremd zu sein. Ganz lapidar lautet meine Antwort: »Es liegt daran, weil ich so viel Kaffee trinke!« Im besten Falle entsteht dann ein Lachen auf beiden Seiten.

Ganz ähnlich war es auch, als ich in Wien angekommen bin. Ich fühle mich etwas eingerostet und dachte mir, ein bisschen Sport könnte guttun. Also marschierte ich ins nächste Fitnessstudio, um mich dort anzumelden. Beim Rundgang fiel mir ein geheimnisvoller Raum auf, aus dem blaues Licht strahlte.

Die Frau an der Rezeption grinste, als ich sie fragte, was das sei: »Na, das ist ein Solarium«, sagte sie im schönsten Wienerisch. »Wenn ich Sie aber so anschaue: Das brauchen Sie ganz sicher nicht!« Wir lachten beide. Ich finde es schön, wenn wir über die Hautfarbe lachen können, solange es nicht einseitig geschieht. Ja, Humor ist gut, und Humor hilft auch über die eine oder andere unangenehme Situation hinweg, und doch ist er nicht immer der Weisheit letzter Schluss und kann nicht immer über solche Erfahrungen hinwegtrösten. Denn natürlich sehe ich, wie viele Menschen Opfer von Rassismus sind – und dabei ist Wien eine Stadt, in der zur Zeit, in der ich das schreibe, Menschen aus 183 Nationen leben. Ja über manche Situationen lacht man, andere versucht man zu vergessen oder zu ignorieren, manchmal denkt man darüber nach und versucht, auch die andere Seite zu verstehen. Aber immer gelingt das nicht, und dann ist man frustriert und traurig.

Als ich einmal in genauso einer Stimmung war, hat mir Pater Elias von einem kleinen, aber wichtigen Ereignis erzählt, das letztendlich der Stein des Anstoßes zum »Billa-Song« werden sollte. Er sei bei Billa zum Einkaufen gewesen, wie gesagt, das ist keine getarnte Werbekampagne für den Konzern, es hätte wohl in jedem anderen Geschäft genauso passieren können, denn wesentlich verantwortlich für das Wunderbare, was da geschah, sind die Menschen, nicht die Firma.

Es war Freitag, späterer Nachmittag. An der Kasse war eine kleine Schlange, es standen zwei orthodoxe jüdische Mädchen – in Wien gibt es eine ziemlich große jüdische Gemeinde, vor allem dort, wo auch das Kloster liegt – in der Reihe, hinter ihnen eine muslimische Frau mit ihrem Kind, und dahinter mein Mitbruder Elias, ein Ordensmann. Die Verkäuferin war eine echte Wienerin, sprachlich unverkennbar. Aber ihr Umgang mit den verschiedenen Menschen, Kulturen, Religionen an der Kasse war so respektvoll und schön, dass Elias das Geschäft glücklich verlassen hat, nämlich im Wissen: Die Kassiererin hat keinen Unterschied gemacht. Für sie waren alle in der Schlange einfach Leute, die ihre Einkäufe bezahlen müssen, bevor sie aus dem Laden gehen. Solange wir hier so verschieden, wie wir sind, gemeinsam an der Billa-Kasse stehen und alle gleichermaßen zahlen müssen, ist und bleibt Wien einfach Wien. Schlagartig war meine Stimmung gehoben, der »Billa-Song« so gut wie geboren. Weil mir das Thema wirklich am Herzen liegt, möchte ich den Text dazu hier im Buch festhalten. Auf YouTube gibt's natürlich das Video dazu.

Der »Billa-Song«

Ich bin ein schwarzer Pfarrer,
doch du glaubst, ich bin ein Schwarzfahrer.

Ich habe meine Jahreskarte
und esse gerne Sachertorte.

Ja dunkel bin ich wirklich,
aber nicht, weil ich Kaffee trinke täglich.

Ich bin so geboren, so soll es auch sein.
Ich fand mich als (kleines) Kind schon unendlich fein.

Wir beide wurden geboren in diese Welt,
doch keiner von uns beiden ist wirklich ein Held.

Uns verbindet eines, Elefant oder Maus,
wir sind alle Menschen, Schluss und aus.

Geh ma zu(m) Billa Billa Billa,
dann schaut die Welt schon anders aus.
Geh ma zu(m) Billa Billa Billa,
Leben will ich für alle, Leben in Saus und Braus.

Ich kauf mir Schokolade,
denn die passt gut zu meiner Farbe.

Bevor ich diese naschen kann,
ist ja klar, zahlen heißt's, egal ob Frau oder Mann.

Mir wurde klar in der Schlange und an der Kasse,
jeder Mensch ist einfach Klasse.

In der Schlange vor mir warteten vier und mir war klar,
ich bin nicht der einzige Ausländer hier.

Da stand eine Muslima mit Tasche und Kind,
zwei jüdische Mädchen vor Shabbat-Beginn.

Die junge Frau, die Kassiererin,
am Dialekt merkt man's, war Wienerin.

Verschiedene Religionen an der Kassa vereint,
ja ein Leben zusammen ist möglich, wie mir scheint.

Sie wusst' nicht, was man zum Shabbat wünschen soll,
doch »ein schönen Foiriertag« (Feiertag auf Wienerisch)
    fanden die Mädchen ganz toll.

Die Mutter mit Kind schloss sie gleich ins Herz,
mit dem kleinen Kind machte sie gleich einen Scherz.

Die Frau an der Kasse, sie lehrt uns verstehen,
was es heißt, in Menschen den Bruder, die Schwester zu
    sehen.

Nachdem wir den Song komponiert hatten und er vertont war, wollten wir gerne ein Video dazu drehen, wir haben uns sogar schriftlich an den Billa-Konzern gewandt, um eine Dreherlaubnis in einer der Filialen zu bekommen. Eine Antwort kam nie, vielleicht war das Thema dann doch zu heikel.

Egal, das Video wurde als Animation produziert, und der Song erreichte schnell über 10.000 Aufrufe.

Mir ist es wichtig, auch solche Themen anzusprechen, natürlich denkt vielleicht so mancher bei einem singenden Priester: »Schuster, bleib bei deinem Leisten«, was mich auf fromme Lieder festlegen würde. Um Politik oder soziale Probleme sollten sich deren Meinung nach andere kümmern. Aber als Franziskaner kann ich dazu nicht schweigen. Wir haben unseren Schwerpunkt auf Gerechtigkeit, Frieden und auf die Bewahrung der Schöpfung gelegt. Diese Themen sind tief im Evangelium verwurzelt und nicht umsonst hat Papst Franziskus seine zwei letzten Enzykliken dazu verfasst.

Zu Rassismus kann ich genauso wenig schweigen wie zu Greta Thunberg. Wir als Franziskaner müssen an einer besseren Welt für alle arbeiten, daher sind wir auch bei »Friars for Future« engagiert, »Brüder für die Zukunft«, für eine gute Zukunft für alle Menschen, alle Geschöpfe, ja diese ganze Erde.

Und darum habe ich kürzlich ein weiteres Video zu diesem Themenkomplex gemacht, nämlich den »Farben Farben Rap«. Dort verarbeite ich das ungute Gefühl der Ausgrenzung, das ich kenne, vor allem ohne Habit. In diesem Film werde ich mit Farbpulver beworfen, wie es beim indischen Holi-Fest der Fall ist. Von diesem »Fest der Farben« haben Sie vielleicht schon mal gehört, haben es gesehen oder womöglich selbst dran teilgenommen. In Indien markiert es das Ende des Winters und den Beginn des Frühlings. Wenn Sie dann von allen Seiten mit Farbpulver beworfen werden, und natürlich selbst kräftig mitmischen, dann gibt es auf einmal keine weißen, braunen, schwarzen Menschen mehr oder welche mit Schattierungen dazwischen – dann sind auf einmal alle bunt! Das ist sehr schön. Auch wenn wir dann bald merken, spätestens nachdem wir uns gewaschen haben, dass ein bisschen Farbpulver noch nicht hilft, die Gesellschaft umzubauen. Es bedarf unserer inneren Einstellung, damit es zu einem neuen Frühling kommt, zu einem Frühling fürs gesellschaftliche Wachstum und für ein neues, gesundes Aufblühen der Natur, ganz so, wie wir dafür bei den »Friars for Future« einstehen.

Der Herrgott hat gelacht und in Kärnten den Durchbruch gebracht

Im ersten Corona-Jahr 2020 hatten Pater Elias und ich irgendwann die Nase voll: Wir hatten das Gefühl, einfach einmal rauszumüssen, einen Orts- und Luftwechsel zu brauchen. Elias hatte die Idee, wir könnten doch nach Kärnten fahren, denn er war einige Jahre als Franziskaner in Villach stationiert und kannte dort viele Leute. Freunde von ihm haben uns kurzerhand eine Wohnung am Ossiacher See zur Verfügung gestellt, eine Ferienwohnung, und so haben wir uns mit dem Zug auf den Weg gemacht und sind von Wien nach Kärnten gefahren. Für mich war das der erste richtige Urlaub, den ich in Österreich gemacht habe, und mit diesem Urlaub in Kärnten hat sich eine ganz neue Welt aufgetan.

Ich bin zwar ein echter Stadtmensch und liebe die Stadt – ich habe schon berichtet, wie heilsam es für mich war, von Salzburg nach Wien zu kommen –, aber als ich das Land gesehen habe, das Bergpanorama, die weiten, satten Wiesen! Ja, ich habe zum ersten Mal in meinem Leben richtige Wiesen mit Blumen und Kühen darauf gesehen, bisher kannte ich nur öffentliche Parkanlagen aus meiner Heimat und aus Wien, aber jetzt wusste ich, was eine echte Wiese ist. Nachdem ich so durch die kleinen Dörfer geschlendert bin – in jedem gibt es eine Kirche und alte Bauernhöfe –, nachdem ich die schönen Wälder mit den verschiedensten Bäumen gesehen habe und nachdem ich in Kärnten auf die ersten Berge gestiegen bin, schweißtreibende Wanderungen gemacht habe und am Faaker See gestanden bin – da kam mir plötzlich ein Gedanke: Ich bin im Paradies angekommen!

Von diesem Paradies wollte ich gerne ein Video machen, ich war so beflügelt von dieser Erfahrung, dass ich unbedingt ein Lied aufnehmen und ein Video drehen wollte über all das, was ich in diesem wunderschönen Kärnten erleben durfte. Die Freunde von Elias, die uns eingeladen hatten – Ingrid, Hans Peter, Angelika und Oma Karin, Gabi, Erich und Elli, Elfi, Albert und Maria, und viele andere –, haben diese Idee ernst genommen, jeder hat etwas beigesteuert und mich auf die eigene Art und Weise unterstützt. Vor allem Ingrid, die in Kärnten wirklich »Gott und die Welt« kennt, hat die ersten Kontakte hergestellt und plötzlich war da Gerald, der sich bereit erklärt hat, mit seinem Filmteam dieses angedachte Video zu drehen. Da war der freikirchliche Pastor Franz, der das Lied kurzerhand gedichtet hat, es kamen Schuhplattler daher und allerlei Kärntner Chöre, die mit mir in diesem Video aufgetreten sind. Sogar der Harley Club war dabei, es sind Türen zu Kirchen, Restaurants und Almhütten aufgegangen, sodass ich dort drehen konnte, und sogar »Mini Mundus«, der Freizeitpark in Klagenfurt, hat mir eine Drehgenehmigung erteilt. Ich war vom Wörthersee bis zu den Mölltaler Alpen unterwegs und unversehens wurden aus nur einem Kärntner Urlaubsbesuch in jenem Sommer drei Aufenthalte. Der erste war der Moment der Idee, der zweite Besuch war die Zeit, während wir das Video gedreht haben, der dritte Besuch nochmal ein Kurzurlaub, verbunden mit einem Konzert im Stift Ossiach.

Was soll ich sagen, dieses Video hat den Durchbruch gebracht! Es gibt keine Zufälle, irgendwie ist doch alles von Gottes Vorsehung bestimmt und so nahm der Erfolg dieses Videos seinen Lauf. Es wurde veröffentlicht und per WhatsApp von einem zum andern weitergeschickt und auch auf YouTube verbreitete es sich rasend schnell. Vielleicht war es dann doch irgendwie Zufall, dass so viele Bekannte wiederum andere Bekannte hatten, die wieder andere kannten und das Video wie ein Lauffeuer umhergeschickt wurde. Über Nacht hatte es mehr als 10 000 Klicks, und nicht ganz 48 Stunden später waren es über 100 000. Jetzt wurde auch die Presse und das Fernsehen auf mich aufmerksam, zuerst der ORF Kärnten, der einen Ausschnitt des Videos und ein Interview mit mir in den Nachrichten gebracht hat. Danach kamen auch die anderen Fernsehstationen zu mir; sogar die dpa und die österreichische Presse Agentur APA haben diesen musikalischen Durchbruch aufgegriffen.

Ab diesem Zeitpunkt begann eigentlich meine »wirkliche Karriere« auf YouTube, denn dieses Lied hat mich in ganz Österreich und auf einen Schlag sogar in Deutschland bekannt gemacht. Ich war zwar vorher schon einmal als Franziskaner-Pater in der »Barbara Karlich Show« eingeladen, aber plötzlich hat sich das Galileo-Team aus Deutschland gemeldet, drei Tage haben sie bei uns im Kloster gedreht! Und alles nur wegen dieses Liedes »Der Herrgott hat gelacht«! Kärnten hat also wirklich für den Durchbruch gesorgt.

Über diese Erfahrung hat sich zwischenzeitlich der Wunsch in mir festgesetzt, auch über die anderen Regionen und Bundesländer in Österreich ein eigenes Video zu machen. Im Burgenland und in Oberösterreich hat das schon geklappt, gerne würde ich auch die vielfältigen anderen Bundesländer kennenlernen. Das Interesse je nach Land liegt allerdings derzeit doch ein wenig unterschiedlich. Ein Franziskaner, der plötzlich ein Bundesland singend oder rappend repräsentiert? Vielleicht dann doch nicht jedermanns Geschmack, aber das ist mir ja auch gar nicht so wichtig.

Die Zeit in Kärnten war eine ganz entscheidende und dieses Video zeigt enorm viel von dem, was mir am Herzen liegt. Ich singe in diesem Video und lache viel, aber man erkennt auch, dass ich nicht einfach nur ein Spaßmacher bin, sondern wirklich aus ganzem Herzen Mensch, Franziskaner und Priester. Einer, der mit verschiedensten Leuten zusammen etwas gestalten möchte. Gemeinsam haben wir Kärnten in all seiner Schönheit, seinem Facettenreichtum präsentiert, und das, obwohl ich als »Ausländer und Fremder« zu den Menschen dort gekommen bin. Ich wurde mit offenen Armen aufgenommen, ich bin jetzt ein Teil von ihnen. Kärnten ist nach Wien ein weiteres Stück Heimat für mich geworden, was besonders auch mit den Menschen zu tun hat, die ich dort kennenlernen durfte.

Nicht umsonst trägt dieses Buch den Titel »Der Herrgott hat gelacht«: Einen lachenden Herrgott, den findet man leider selten, eine Google-Recherche bringt die unterschiedlichsten Darstellungen Gottes und Jesu Christi: barock, gotisch, ikonisch, modern, abstrakt, traditionell, manchmal auch kitschig. Aber lachend findet man Jesus auf keinem dieser Bilder. Nur auf ganz wenigen deutet Jesus ein Lächeln an, weitaus häufiger sieht man ihn ernst, fromm oder leidend. Das will ich ändern. Ich möchte den Menschen einen Gott vermitteln, der mit ihnen auch ihre Freude teilt. Jesus hat sicherlich auch gelacht, im Kreise seiner Jünger, bei der Hochzeit zu Kana, bei so vielen verschiedenen anderen Ereignissen, die er erlebte und mitgestaltete. An einen solchen Gott glaube ich und darum trage ich auch ständig meine Kappe: Manche lachen darüber – ein Priester, der ein Cap trägt und das sogar, wenn er ein Video in der Kirche dreht? Mir ist schon klar, dass man in der Kirche keine Kopfbedeckung aufsetzt, und als Zelebrant bei der Messe trage ich sie ja auch nicht. Aber ich glaube fest daran, dass Gott auch Spaß versteht.

Weil ich mich bei ihm und in seinem Haus so zu Hause fühle, traue ich mich, dort ganz der zu sein, der ich bin; eben der rappende und singende Franziskaner mit der Basketballkappe. Ja, der Herrgott, der hat gelacht, und er lacht auch weiter mit uns, denn er möchte uns Freude bringen, Freude und Glück in unserem Leben. Das ist ein ganz wichtiger Teil meiner Botschaft und ich denke, wer meine verschiedenen Videos auf YouTube anschaut – manche fromm, andere wieder mehr auf der lustigen Seite so wie »Der Herrgott hat gelacht«, kirchliche Lieder, Wiener Lieder, Tiroler Lieder und eben auch Songs zu politisch relevanten Themen wie Rassismus, Umweltzerstörung und so weiter –, der versteht, worum es mir geht und warum für mich dieser Durchbruch in Kärnten so wichtig war.

Ich kann kaum beschreiben, wie dankbar ich allen Beteiligten dafür bin! Alle Menschen, die ich dort kennengelernt habe, sind mir sehr ans Herz gewachsen. Zwischenzeitlich besuche ich sie nicht nur immer wieder, sondern wir verreisen auch gemeinsam, waren etwa auf einer gemeinsamen Wallfahrt nach Maria Luggau, haben Slowenien besucht und Bleiburg. Und wann immer ich wieder mal bei ihnen eingeladen bin, darf ich

Kärntner Nudeln und echte Kärntner Jausen genießen. Und vor allem erfahren, was es heißt, Freunde zu haben. So bin ich wieder ein Stück weiter angekommen in meiner neuen Heimat Österreich.

Bruder Sonne, Schwester Mond

»Bruder Sonne, Schwester Mond« ist der Titel eines der wohl bekanntesten Filme über den heiligen Franziskus. Der Regisseur, Franco Zefferelli, hat mit diesem Film aus dem Jahr 1972 viele Menschen, darunter auch mich, tief beeindruckt. Er war eine Inspiration und hat dem Leben vieler Menschen eine neue spirituelle Richtung gegeben. Und weil mich das Leben des heiligen Franziskus als Ordensbruder in seiner Nachfolge maßgeblich begleitet, möchte ich ihm in diesem Kapitel noch etwas Raum schenken.

Ganz am Anfang dieses Filmes kommt die Szene, in der sich Franziskus für die radikale Nachfolge Christi entscheidet. Er war in einem der Städtekriege seiner Heimatstadt Assisi verwundet worden und in Gefangenschaft geraten. Als er genesen war, durchlebte er eine tiefe Erfahrung der Bekehrung: Er fing an, den Besitz der Familie – sein Vater war ein reicher Tuchhändler – unter den Armen zu verteilen. Franziskus wird daraufhin von seinem Vater vor den Bischof von Assisi geschleppt, der seinen Sohn zur Vernunft bringen soll. Er klagt seinen Sohn an, das familiäre Vermögen verschleudert zu haben. Franziskus vollzieht einen radikalen Schritt, er entblößt sich völlig, legt seinem Vater die Kleider zu Füßen und geht mit den Worten von dannen: »Von jetzt an habe ich nur mehr einen Vater, den im Himmel.«

Franziskus hat ein äußeres Zeichen vollzogen, das ihn in eine innere Freiheit geführt hat, die bis zu diesem Zeitpunkt undenkbar war. »Was der Mensch vor Gott ist, das ist er, nicht mehr und nicht weniger.« Dieser Leitspruch ist es, den Franziskus ernst nahm und sich ihm völlig hingab. Diese Einstellung prägte seine Beziehung zu Gott, aber auch zu den Menschen – er konnte nackt vor ihnen sein. Wir reden oft von der »nackten Wahrheit«, Nacktheit und Wahrheit sind untrennbar miteinander verbunden: Jemand, der nackt ist, kann nichts verbergen. Nackt zeigen sich Menschen normalerweise nur in einem geschützten Raum, zum Beispiel in einer von Liebe geprägten Beziehung oder an Orten, wo sie nicht gesehen werden können. Wer nackt ist, liefert sich aus, darum erfordert Nacktheit Vertrauen, Mut zur Armut, innere Freiheit und Wahrhaftigkeit.

Vor Gott kann ich nackt sein, ich brauche nichts zu verbergen, denn nach seinem Abbild bin ich geschaffen und von ihm geliebt. Wenn wir als Menschen auch im Umgang miteinander zur ursprünglichen »Nacktheit« zurückfinden, dann verstehe ich das so, dass wir zu einer Form von Beziehungen finden, die von Vertrauen und Angstfreiheit geprägt ist. Nackt, ohne äußere Zeichen von Reichtum, Macht und so weiter sind wir alle gleich, wir sind Menschen. Kinder haben noch nicht die Erkenntnis, dass es Unterschiede gibt zwischen Arm und Reich, Schwarz und Weiß, sie sehen nur den Menschen, daher sind sie im übertragenen Sinn »nackt« und haben die Erkenntnis des Herzens, dass unter jeder Kleidung ein »Nackter« steckt, jemand, der einfach Mensch ist.

In einer Welt, die immer mehr zum Perfektionismus neigt, ist die Erkenntnis »Nobody is perfect« ein Weg hinaus in die persönliche Freiheit. Und das ganz wortwörtlich: Niemand als Mensch, aber auch no-body, also kein Körper, ist perfekt. »Kleider machen Leute« heißt es und das mag stimmen: Sie bilden Fassaden und treffen Aussagen, aber sie machen keine Menschen.

Die Spiritualität des heiligen Franziskus, der völlig nackt war, der nichts vor Gott und den Menschen verborgen hat, der sich nicht von Menschen oder Dingen abhängig gemacht hat – die ist revolutionär. Sie basiert auf Christus als dem Nackten, der uns in der Krippe und auf Golgatha begegnet, er offenbart in seiner Nacktheit alles von Gott und zeigt gleichzeitig, dass nur das Urteil Gottes über ihn zählt. Menschen können andere Menschen entblößen oder bloßstellen, aber jemand, der weiß, dass alleine das zählt, was wir in den Augen Gottes sind, hat nichts mehr zu verbergen. Einfachste Beispiele, das habe ich ja schon öfter erwähnt, helfen mir, zu verdeutlichen, was ich meine: Eine Uhr, die 5000 Euro kostet, und eine Uhr, die 5 Euro kostet, haben eines gemeinsam: Sie zeigen dieselbe Zeit an. Das ist die Bestimmung einer Uhr. Der Mensch hat die Berufung, Mensch zu sein. Er hat es gar nicht nötig, sich hinter Juwelen und Designerkleidern zu verstecken, sondern der Wert des Menschen liegt darin, sein Eigenstes zu entdecken.

Im Buch Ijob (1,21) lesen wir: »Nackt kam ich aus dem Schoß meiner Mutter hervor, nackt kehre ich zurück.« Als Menschen sind wir alle Geschöpfe Gottes, Franziskus hat die neue Schöpfung der Gotteskinder gelebt und so der Welt Christus aufs Neue gezeigt. Eine Berufung, die jeder Christ und jede Christin leben sollte: Die nackte Wahrheit des Evangeliums zu leben, und somit sich selbst und andere von den Fesseln der Angst zu befreien. Franziskus vernahm die Worte Jesu: »Bau mein Haus wieder auf.« So kann ich jeden nur ermutigen: Lasst uns gemeinsam mit Franziskus an einer Kirche bauen, die nichts zu verbergen hat, sondern Gottes Liebe offen zeigt.

Es ist aber nicht nur dieses radikale Ereignis des Anfangs, das mich auf meinem Weg als Franziskaner und somit auch innerhalb meiner ganz eigenen Beziehung zu Gott und den Menschen tief beeinflusst hat. Es gibt eine ganze Sammlung solcher Erlebnisse aus dem Leben des heiligen Franziskus, die sogenannten »Fioretti«. Diese kleinen Geschichten oder »Blümlein« dieses Florilegiums beeindrucken mich immer aufs Neue, denn, ganz unabhängig davon, ob sie sich immer ganz genauso zugetragen haben, sind sie ein Lehrbuch des innersten Wesens des heiligen Franziskus.

Da gibt es zum Beispiel jene Erzählung von den »Drei Räubern«:

Franziskus wollte ein neues Kloster seines Ordens besuchen. Als er dieses erreichte, teilte ihm der dortige Hausobere mit, dass man gerade erfolgreich drei Räuber abwehren könnte, und diese in die umliegenden Wälder verjagt habe. Ich stelle mir oft diese Zeit vor, in der Franziskus lebte – wenn es dann in den Texten fast lapidar heißt, er sei nach Rom gereist: So einfach war das Reisen nicht. Mit dem Reisen waren viele Gefahren verbunden. Als nun der Guardian davon berichtete, wie man die Räuber in die Flucht geschlagen hatte, erwartete er vermutlich, von Franziskus gelobt zu werden, doch dieser wurde traurig. Vielleicht hatten sie Hunger, sagte er, und suchten nur nach Essen? Franziskus hatte einen Sinn für die Nöte der Menschen. Wer wird zum Räuber? Der, der nichts hat und Verzweiflung fürchtet, oder der, der darin den Sinn seines Lebens sieht? Letzteren wird es vermutlich auch geben, doch die überwältigende Mehrzahl wird aus Menschen bestehen, die sich aus purer Verzweiflung am Eigentum anderer vergreifen. Wenn Sie hier Parallelen zu heute sehen, sehen Sie richtig. Der heilige Franziskus hätte zur Ungerechtigkeit in unserer Welt viel zu sagen!

Und zu tun, denn er war ein Mann der Tat: So ging er an diesem Tag in die Küche des Klosters, nahm Brot und Wein, und lief damit in den angrenzenden Wald. »Bruder Räuber«, rief er, »wo seid Ihr?« Ist das nicht herrlich verrückt? Verrückt wieder ganz im Sinne, Altes und Überkommenes zur Seite zu schieben, um Platz zu schaffen für neue Sichtweisen. Und die neue Sichtweise war: Auch diese Räuber sind unsere Brüder. Mich fasziniert, wie der heilige Franziskus einen Räuber als seinen Bruder bezeichnen konnte. Das macht für mich einen Heiligen aus. Franziskus wird ja auch nicht ohne Grund als der zweite Jesus Christus bezeichnet. Damit meine ich nicht nur die Wundmale Christi, die er im Jahr 1224 an Händen, Füßen und Hüfte auf dem toskanischen Berg La Verna empfing und bis zu seinem Tod zwei Jahre später neben der Portiunkula-Kapelle auch behielt. Ich meine vor allem seine Weltanschauung. An jenem Tag aß er mit den Räubern Brot und trank mit ihnen Wein. Sie konnten kaum glauben, wie ihnen geschah, sie waren ja so etwas wie die Aussätzigen ihrer Tage. Die Räuber gaben ihre Lebensweise auf und folgten Franziskus. Einer der Männer wurde dann selbst Wächter des Klosters, das er eigentlich einmal ausrauben wollte. Was ich aus solchen Geschichten lerne: wie sehr die innere Einstellung unser Leben und das Leben unserer Mitmenschen bestimmt. Was wir mit positiver Energie alles zum Guten wenden können! Wenn wir das Gute in jedem Menschen sehen, können wir auch das Göttliche zeigen. Und ich glaube, das ist in unserer heutigen Welt besonders wichtig.

Eine zweite Erzählung offenbart ebenfalls sehr viel über den Umgang des heiligen Franziskus mit seinen Mitmenschen, vor allem im Hinblick auf seine eigene radikale Lebenseinstellung. Viele Menschen, die ihr Leben radikal ändern, die auf einmal ganz neue Wege gehen, erwarten dies plötzlich auch von ihrer gesamten Umgebung. Wir erleben das oft auch heute in der Kirche, wenn sich Menschen neu bekehren. Bei Franziskus war es anders. Er fastete sehr viel und sehr streng. Ich habe meine eigenen Fastenerlebnisse gehabt und Ihnen ja erzählt, wie es mir beim Vipassana ergangen ist: Nach der anfänglichen Umgewöhnung ging es sehr gut, sogar mit einem Überschuss an Energie. Interessant ist, dass Ernährungsexperten immer wieder darauf hinweisen, wie wichtig regelmäßiges Fasten für unsere Gesundheit sein kann. Für den heiligen Franziskus war der Nahrungsverzicht auch dafür da, der Spiritualität Tür und Tor zu öffnen. Seine Fastenpraxis war besonders radikal: Drei Mal im Jahr fastete er jeweils 40 Tage lang, und seine Mitbrüder versuchten, mitzuhalten. In einer dieser Fastenperioden vernahm Franziskus das leise Weinen eines Mitbruders. In der Nacht, als er ihn fragte, was los sei, antwortete dieser, wie sehr er unter dem Fasten leide, wie sehr ihn der Hunger plage. Es muss ihn viel Überwindung gekostet haben, diese Schwäche einzugestehen, denn es herrschte so etwas wie Gruppenzwang. Das Fasten war eine Gemeinschaftsangelegenheit; die Sache abzubrechen war ungefähr so, wie ein Gesetz zu brechen. Damit wird auch deutlich, wie groß das Mitgefühl des heiligen Franziskus war: Er lief zu einem nahen Weinberg, pflückte dort Trauben und brachte sie seinem Hunger leidenden Bruder. Dieser schwankte zwischen der Freude, etwas zu essen, und der Scham, seiner Schwäche nachzugeben. Daher bat er Franziskus, dass dieser selbst auch von den Trauben essen solle, was er auch tat, trotz aller persönlichen Radikalität und Strenge. Ich empfinde diese Geschichte als gutes Gleichnis, wenn es darum geht, über den eigenen Schatten zu springen, damit ein Mitmensch sich besser fühlt. Ja, man kann sogar sein Leben dafür opfern, um einem anderen Menschen das Leben zu ermöglichen. Wer das tut, lebt über das eigentliche Leben hinaus.

Die Erzählung von der »Vollkommenen Freude« ist eine weitere Begebenheit aus dem Leben des Franziskus, die ich als sehr prägend empfinde. Als Franziskus einmal zur Winterszeit mit Bruder Leo von Perugia nach Santa Maria degli Angeli wanderte und die strenge Kälte ihnen hart zusetzte, da rief er zu Bruder Leo, der ihm ein wenig vorausging: »Oh, Bruder Leo, auch wenn die Brüder unseres Ordens überall ein treffliches Beispiel an Heiligkeit und Erbauung abgeben würden, so schreibe doch und zeichne es sorgfältig auf, daß hierin noch nicht die vollkommene Freude liegt.«

Nach einer Strecke Weges rief der heilige Franziskus zum zweiten Male: »Oh, Bruder Leo, auch wenn die Brüder die Blinden sehend machten und die Krüppel gerade, wenn sie die Teufel austrieben, die Tauben hören, die Lahmen gehen und die Stummen reden machten, ja wenn sie, was noch gewaltiger wäre, die Toten am vierten Tage auferstehen ließen, schreibe auf, daß darin noch nicht die vollkommene Freude liegt.«

Nach einem weiteren Stück Weges rief der heilige Franziskus laut: »Oh, Bruder Leo, würden unsere Brüder auch alle Sprachen sprechen, alle Wissenschaften beherrschen und alle Schriften kennen, könnten sie nicht nur prophezeien und die Zukunft voraussagen, sondern auch die Geheimnisse der Seelen und des Gewissens enthüllen, schreibe auf, daß hierin noch nicht die vollkommene Freude liegt.«

Und wieder ein Stück weiter rief der heilige Franziskus abermals laut: »Oh, Bruder Leo, du Schäflein Gottes, auch wenn die Brüder unseres Ordens mit Engelszungen reden könnten und den Lauf der Sterne und die Heilkraft der Kräuter kennen würden und wenn sie alle Schätze der Erde entdeckten, sie das Wesen der Vögel, der Fische und allen Getiers, der Menschen, der Bäume, der Steine, der Wurzeln und der Gewässer erforschen könnten, schreibe auf, daß hierin noch nicht die vollkommene Freude liegt.«

Nachdem sie noch ein Stück weiter waren, rief der heilige Franziskus laut: »Oh, Bruder Leo, selbst wenn unsere Brüder so gut predigen könnten, daß sie alle Ungläubigen zum Glauben an Christus bekehren würden, schreibe auf, daß auch hierin nicht die vollkommene Freude liegt«. Und während der heilige Franziskus wohl gut über zwei Meilen lang auf diese Weise redete, fragte Bruder Leo endlich hocherstaunt: »Vater, ich bitte dich um Gottes willen, daß du mir sagen mögest, worin die vollkommene Freude liegt«.

Und der heilige Franziskus antwortete ihm: »Wenn wir in Santa Maria degli Angeli ankommen, durchnäßt vom Regen und steif vor Kälte, voll von Schmutz und vom Hunger geplagt, und an das Klostertor klopfen und der Pförtner erzürnt herausschaut und fragt: ›Wer seid ihr?‹, und wir antworten: ›Wir sind zwei von euren Mönchen!‹, und er antwortet: ›Ihr lügt, ihr seid vielmehr zwei Spitzbuben, die umherziehen, schert euch davon!‹, und er uns nicht aufmacht und uns draußen in Schnee und Regen hungernd und frierend bis in die Nacht stehen läßt; wenn wir dann so große Schmach und Grausamkeit und seine Abweisung geduldig ertragen, ohne uns zu erregen oder zu murren und wenn wir in Demut und Liebe denken, daß der Pförtner uns in Wirklichkeit kennt, daß aber Gott ihn sich so gegen uns benehmen läßt, oh Bruder Leo, schreibe, daß darin die vollkommene Freude liegt. Und wenn wir weiterhin an die Klostertür klopfen und er zornig herauskommt und uns wie nichtsnutzige Lumpen fortjagt unter Schimpfreden und Backenstreichen, indem er sagt: ›Packt euch hier fort, ihr elenden Spitzbuben, schert euch ins Spital, hier bekommt ihr nichts zu essen und keine Herberge!‹, wenn wir dies alles geduldig und froh und in reiner Liebe über uns ergehen lassen, oh Bruder Leo, schreibe auf, daß darin die vollkommene Freude liegt. Und wenn wir dann vom Hunger, von der Kälte und von der finsteren Nacht gepeinigt immer noch klopfen und um der Liebe Gottes willen inständig flehen und rufen, daß er uns öffne und Einlass gewähre, er hingegen wutentbrannt ruft: ›Was für nichtsnutzige Tagediebe, ich werde es ihnen noch heimzuzahlen!‹, und wenn er dann herauskommt mit einem Knüppel, uns bei der Kapuze packt, uns zu Boden wirft, uns in den Schnee stößt und uns mit seinem Knüppel tüchtig verprügelt; wenn wir dies alles in Geduld und Gelassenheit ertragen und dabei an die Pein unseres Herrn Jesus denken, die wir aus Liebe zu ihm ertragen dürfen; lieber Bruder Leo, schreibe auf, daß hierin die vollkommene Freude liegt.

Und nun höre die Lehre daraus, Bruder Leo!

Über aller Gnade und allen Gaben des Heiligen Geistes, die Christus den Seinen zuteilwerden läßt, steht die Tugend der Selbstüberwindung, um seiner Liebe willen freimütig Drangsal und Schmach, Mühen und Entbehrungen zu ertragen. Aller übrigen Gaben nämlich, die wir besitzen, können wir uns nicht rühmen, daß wir sie aus uns selbst hätten, sondern nur aus Gott; denn so spricht der Apostel: ›Was hast du, das du nicht von Gott hättest?‹, Aber des Kreuzes der Bedrängnis und des Leids dürfen wir uns rühmen, daß es unser ist. Und daher spricht der Apostel: ›Ich will mich nicht rühmen, wenn nicht wegen des Kreuzes unseres Herrn Jesus Christus!‹ Diesen Worten sei ewig Ruhm und Ehre von Ewigkeit zu Ewigkeit. Amen.«

Mit einer für unsere Zeit sehr wichtigen Begebenheit möchte ich diesen kleinen Zyklus von den Erlebnissen aus dem Leben des heiligen Franziskus abschließen, nämlich mit der Begegnung von Franziskus mit dem Sultan: Während der Kreuzzüge wollte Franziskus ins Heilige Land reisen, nicht als Kreuzfahrer natürlich, sondern als Pilger. Es gab aber nur einen einzigen Weg für ihn, nämlich eines der Kreuzritterschiffe zu besteigen. So kam Franziskus mit einigen Gefährten in Damiette in Ägypten an. Die Kreuzritter lagen dem Lager des damaligen Sultan gegenüber und Franziskus wollte das Unmögliche wagen: Er wollte El Kamil, den Sultan, treffen und mit ihm reden. Vom damaligen Standpunkt aus war es klar, dass er den Sultan überzeugen wollte, Christ zu werden. Franziskus gelang das nicht, doch man könnte sagen, auch er wollte nicht einfach beeinflussen, sondern inspirieren! Und eine Inspiration war er für den Sultan dann doch, eine Inspiration mit Folgen bis heute: Das lag zuerst einmal daran, dass Franziskus ohne Waffen, in seinem einfachen braunen Ordenskleid, barfüßig, vor den Sultan kam. Nichts an diesem Bettler Gottes war von der Pracht und Herrlichkeit der europäischen Ritter. Über die eigentliche Begegnung berichtet der Biograf des heiligen Franziskus nur sehr kurz; da die beiden alleine waren, beruht vermutlich auch viel auf Spekulation, beide wollten einander wohl zuerst missionieren. Als Franziskus dem Sultan anbot, als Beweis seines Glaubens über glühende Kohlen zu gehen, und den Sultan aufforderte, dasselbe zu tun, lehnte dieser ab. Franziskus hätte nun stolz als Sieger von dannen ziehen können, tat aber genau das nicht, er stellte den Sultan nicht bloß und machte auch seinen Glauben nicht lächerlich, ganz im Gegenteil. Er bat den Sultan, dass er und seine Brüder ins Heilige Land einziehen dürfen, um die heiligen Stätten zu besuchen und sich in Jerusalem und Bethlehem niederzulassen. Der Sultan erlaubte es, womit der Grundstein dafür gelegt wurde, dass die Franziskaner seit 800 Jahren im Heiligen Land leben und wirken. Ein Ereignis mit Folgen, das uns gerade heute, wo es so viele Konflikte zwischen den verschiedenen Religionen gibt, zeigt, welches Miteinander möglich wäre; würden wir nur respektvoll miteinander umgehen, ohne dabei uns selber aufzugeben, und das auch nicht vom anderen erwarten.

Noch einmal zurück zum Titel dieses Kapitels »Bruder Sonne, Schwester Mond«. Das ist auch eine Anlehnung an den Sonnengesang des heiligen Franziskus. Er hat diesen berühmten poetischen Text am Ende seines Lebens verfasst und er gehört zu den Klassikern der Weltliteratur. Franziskus besingt in poetischer Sprache die ganze Schöpfung, Sonne, Mond, die Sterne, das Wasser, den Wind, das Feuer und die Mutter Erde. Er geht aber auch auf die Menschen ein, besonders auf jene, die bereit sind zu verzeihen und zu vergeben. Am Ende steht der Tod, doch selbst der Tod wird von Franziskus als Bruder bezeichnet, denn er ist es, der uns letztlich umarmt und von der Endlichkeit in die Unendlichkeit führt.

Der Sonnengesang ist für viele Menschen eine Inspiration, die Welt und die Schöpfung mit anderen Augen zu sehen, nämlich nicht als etwas, was uns Menschen gehört und worüber wir willkürlich verfügen können, sondern als etwas, wovon wir selbst ein Teil sind. Geschwisterlichkeit ist das große Thema, und da sind wir wieder bei so vielen Themen, die ich schon angesprochen habe. Auch mir geht es um die Menschlichkeit, um echtes Mitgefühl, Respekt und Empathie gegenüber allen Menschen und Geschöpfen.

Da fällt mir noch eine interessante Begebenheit zum Schluss dieses Kapitels ein: 2019 war ich zu einer Veranstaltung der Missionszentrale der Franziskaner in Bonn eingeladen, der damalige nordrhein-westfälische Ministerpräsident Armin Laschet war auch zu Gast. Er erwähnte in seiner Rede, dass alle Ordensleute Musiker seien, die Franziskaner bezeichnete er jedoch als Jazz-Musiker, denn Jazz hat einen »revolutionären« Geist, der aus einer Rebellion entstanden ist. Als ich diese Worte hörte, war ich einigermaßen ergriffen: So viele Höhen und Tiefen gab es auf meinem Weg, aber nun in der gefestigten Nachfolge des heiligen Franziskus und vor dem Hintergrund meiner Musik, die so viele Menschen inspiriert, habe ich ein gutes Gefühl, auf dem richtigen Weg zu sein. Interessant, dass ich jetzt, im Rahmen meines Studiums, auch Jazz studiere. So fällt auch dieses Puzzleteil an den rechten Platz im großen Bild.

Über die Kunst des Dranbleibens

Fast am Ende dieses Buches haben Sie mich nun ein wenig näher kennengelernt, viele Begebenheiten meines Lebens erfahren, Sie wissen nun Bescheid über meine Herkunft, meine Heimat, meine Wegbegleiterinnen und -begleiter. Soweit das auf diesem Weg natürlich möglich ist. Sie haben erfahren, dass ich ein Mensch auf der Suche bin, und auch in der Lebensphase, in der ich mich gerade befinde, ist mein Suchen noch nicht zum Ziel gelangt. Ich bleibe weiter auf dem Weg, ein Weg mit Höhen und Tiefen, ein Weg, auf dem viel verwirklicht wurde, auf dem es aber noch viele Baustellen gibt. Ich meine damit nicht nur meine persönlichen Projekte, sondern alles, was mein Leben als Mensch in dieser Welt betrifft, als Franziskaner in dieser Kirche, als Künstler, der versucht, durch das, was er tut, eine Botschaft zu vermitteln. Es geht um die »Kunst des Dranbleibens«.

Was heißt das für mich? Wir leben in einer schnelllebigen Welt. Was gestern aktuell war, ist heute überholt und morgen nochmal ganz anders, daher geben viele Menschen auf. Sie sehen keinen Erfolg, haben das Gefühl, »nicht mehr mitzukommen«, weil sie müde werden, die Lust und die Motivation verlieren oder einfach denken: »Es ändert sich ja eh nichts, daher hat es auch keinen Sinn weiterzumachen.« Manchmal, wenn etwas nicht so läuft, wenn ich ganz unten oder »down« bin, kommen mir auch solche Gedanken, aber dann stehe ich auf und fange neu an – wie so oft in meinem Leben. Es ist eben wie in der Kunst: Du hast eine Idee, einen Plan, bist inspiriert, du fängst an, ein Bild zu malen. Plötzlich merkst du, dass auf der Leinwand nicht das entsteht, was du dir vorgestellt hast. Du kannst die Leinwand zerreißen und alles wegwerfen. Oder du kannst etwas ganz Neues wagen, dich einfach fallen lassen und deinen Gefühlen folgen. Am Ende hast du ein Bild gemalt, das zwar nicht geplant war, aber es ist ein Kunstwerk entstanden. Es ist neu und es drückt vielleicht gerade genau das aus, was in diesem einzigartigen Moment wichtig ist. Das ist Kunst, und das Leben ist ein Kunstwerk!

Was ich damit verdeutlichen möchte: Egal, ob es um Musik geht oder unseren Glauben – es ist wichtig, dass wir dranbleiben, auch dann, wenn wir einmal in eine Krise rutschen. Es gibt viele wichtige Themen, die mir am Herzen liegen, ein ganz großes Thema ist für mich Respekt und Toleranz gegenüber anderen, gerade das vermisse ich in unserer Kirche und Gesellschaft leider sehr oft.

Eine kleine Geschichte zeigt, wie einfach das eigentlich gelingen kann: Ich habe mit einem jungen Mann zusammen am Konservatorium studiert. Wir haben zusammen im Duett Gitarre gespielt. Doch nach einiger Zeit haben wir uns aus den Augen verloren, er war einfach weg. Wir waren nicht so eng befreundet, dass ich ihn gesucht hätte, aber wie heißt es so schön: »Im Leben begegnet man sich immer zwei Mal.« Etwa anderthalb Jahre später sind wir uns wieder über den Weg gelaufen, ich habe ihn sofort erkannt, obwohl er sich sehr verändert hatte. Aus diesem jungen Mann war eine Frau geworden! Wir haben etwa zehn Minuten miteinander geplaudert, über unser Studium, was wir gerade machen und über die Musik. Nach diesem kurzen Gespräch habe ich ihm alles Gute gewünscht und unsere Wege haben sich wieder getrennt. Am nächsten Tag bekam ich eine Nachricht von ihm, in der er sich bedankte, dass ich ihn so angenommen hätte, wie er ist. Für mich war das eigentlich nichts Besonderes, über das ich nachgedacht hätte, für ihn jedoch von großer Bedeutung. Das zeigt, wie wenig es oft braucht, um einem Menschen Liebe und Freude zu schenken. Aber genau das will ich. Wenn wir diesem Prinzip nicht folgen, findet keine Entwicklung statt. Und wir sollen uns alle weiterentwickeln, auch unsere Kirche soll sich weiterentwickeln.

Wie ich damit umgehe, wenn Menschen innerhalb der Kirche mich als Häretiker bezeichnen? Wenn es mitunter heißt, ich sei ein verrückter katholischer Priester? Und wenn Menschen außerhalb der Kirche den Kontakt zu mir abbrechen und nichts mehr mit mir zu tun haben wollen? Dann sage ich: »Ich gehöre zu Jesus.« Ich gehöre der Menschheit. Ich gehöre zu den Menschen, die geliebt sind und die an den Frieden glauben, denn das ist das Ziel unseres Lebens. Ich bin von der Wahrheit und von der Liebe überzeugt, ich verletze niemanden und tue keinem weh. Manchmal habe ich schon etwas Sorge, dass ich vielleicht nicht mehr so offen über solche Dinge reden kann. Aber, so habe ich es mir überlegt, dann werde ich eben darüber singen! Ich werde weitersingen, wie ich es jetzt schon tue, ich werde dranbleiben.

Auch dabei ganz in der Tradition des heiligen Franziskus, der nach seiner Bekehrung Gott loben wollte und sich dabei so gerne der Musik bedient hat. Ganz am Anfang nutzte er dazu einfach zwei Stöckchen, die ihm für den Rhythmus dienten. Später hatte er eine Laute dabei, wenn er unterwegs war. Selbst auf seinem Totenbett wünschte er noch, Lobgesängen und Psalmen zu lauschen. Seine Leidenschaft für Gott, für die Musik und für die Schönheit und die Größe der Schöpfung trage ich in meinem Herzen. Und da mein Name Sandesh nun mal »gute Nachricht« bedeutet, werde ich der guten Nachricht zeit meines Lebens mit der Gitarre zum Klang verhelfen, so gut ich es eben vermag. Die bedingungslose Liebe ist für mich das oberste Prinzip, und auch die eigentliche Grundbotschaft des Evangeliums und somit der Kirche insgesamt. Warum sich so viele Menschen, und das betrifft alle Generationen, gar nicht mehr für den Glauben interessieren und ihnen die Kirche nichts mehr sagt, ist deshalb eine schwierige Frage, die ich mir häufig stelle. Manche transportieren mir dann, dass die Einstellung der Kirche stur und rückwärtsgewandt ist, dass sie es nicht schafft, Liebe als Liebe zu akzeptieren, sondern Unterschiede betont. Das stimmt, kann ich nur antworten! Kirche muss ehrlicher werden, wir müssen transparenter sein. Lange hat die Kirche viel hinter dicken Mauern versteckt, sodass viele Menschen innerhalb und außerhalb der Kirche enttäuscht sind. Wie würde wohl Jesus darauf reagieren? Er legte so viele Traditionen beiseite, radikal wie ein Revolutionär. Man soll nicht hungern, auch wenn es Sabbat ist, man soll Hilfsbedürftigen helfen, auch wenn es Sabbat ist – das war seine Revolution im Denken und Handeln!

Jesus wollte den Menschen ermöglichen, sich zu entwickeln. Entwicklung ist eines meiner Lieblingswörter der deutschen Sprache geworden, es sagt so vieles aus: Alles, in das wir verwickelt sind, entwickelt uns, durch die Verwicklungen entsteht

Entwicklung – wir entwickeln uns selbst. Und somit werden wir befreit. Das ist ein ständiger Prozess, und dazu gehört eben die Kunst des »Dranbleibens« ganz essenziell. Denn den Knoten der Verwicklung in eine Entwicklung lösen – das kann manchmal sehr mühsam sein und viel Geduld erfordern.

Jesus ging es nicht um den Erhalt der Macht, ihm ging es um bedingungslose Liebe. Darauf sollte die Kirche ihren Akzent legen, darüber müssen wir sprechen! Denn das ist auch die Botschaft des heiligen Franziskus: Was der Mensch vor Gott ist, das ist er, nicht mehr und nicht weniger, darum beließ er es nie bei Worten, sondern ließ stets die Taten sprechen. Es gibt nur zwei Empfehlungen dazu: Wir müssen endlich damit anfangen. Und wenn wir angefangen haben, dann müssen wir dranbleiben. Denn darin spiegelt sich die wahre Kunst der Veränderung: beharrlich einen Weg zu verfolgen. Wir können darin keine besseren Lehrmeister haben als Jesus und den Heiligen Franziskus.

Schlussakkord

Welchen »Schlussakkord« ich am Ende dieser Zeilen anklingen lassen soll, das habe ich lange überlegt. Oft habe ich das Gefühl, dass jeder von uns in seiner eigenen »Blase« lebt, von der alle denken, diese und nur diese sei die richtige Welt und die anderen irren sich. Ich frage mich daher: »Wann und wie kommen wir zusammen?« Die Antwort entlehne ich – ein bisschen pathetisch, das ist mir klar – bei Martin Luther King: »I have a dream«. Nach all dem, was ich über mein Leben berichtet habe, über meine Gefühle, Erfahrungen, Erlebnisse, meine Enttäuschungen, aber vor allem meine Hoffnungen, Sehnsüchte und Ziele, möchte ich von meinem großen Traum berichten und Sie als Leserin und Leser mit Rückenwind aus diesem Buch verabschieden.

Ich träume diesen Traum oft – immer wieder in der Nacht als echten Traum, aber auch tagsüber, wenn ich meinen Gedanken nachhänge, als Tagtraum. In diesem Traum befinde ich mich in einem großen Saal. Großer Saal ist noch zu klein ausgedrückt, stellen Sie sich einfach den Sitzungssaal der Generalversammlung der Vereinten Nationen in New York vor. Den haben wir alle schon mal im Fernsehen gesehen, da passen wirklich eine Menge Leute rein! Das ist wichtig, denn in meinem Traum bin ich nicht allein dort. Mit mir sind sehr viele andere Menschen da. Es sind Priester dort, aus allen Ecken und Winkeln der Welt, Vertreter und Vertreterinnen aller Ordensgemeinschaften sind gekommen, die Kardinäle, Bischöfe und Weihbischöfe, auch der Papst aus Rom ist da, und selbst die Einsiedler haben ihre Eremitagen verlassen, um bei dieser außergewöhnlichen Versammlung mitzuwirken. Das Wichtigste ist aber: Gott selbst ist auch anwesend. Und er bittet jeden von uns ans Mikrofon. »Ich kenne dich«, sagt Gott, »doch die anderen hier kennen dich nicht so gut wie ich. Erzähl ihnen einmal, wie es läuft in deinem Leben. Ich weiß es natürlich. Nun hast du die Gelegenheit, allen Anwesenden zu berichten, wie du versuchst, ein menschliches Leben zu meistern. Bitteschön, leg los!«

Und tatsächlich: Jeder fasst sich ein Herz und beginnt zu reden, ohne Angst, und spricht alles aus. Unsere Vergangenheit kommt zur Sprache, wie sich die Kirche entwickelt hat, wie es zu Veränderungen kam und warum wir in vielen Punkten von vielen Menschen heute vielleicht nicht mehr verstanden werden, wie die Veränderungen und Erneuerungen, die das Zweite Vatikanische Konzil gebracht hat, weiter gelebt werden können und müssen. Wie wir mit dem Problem des Missbrauchs umgehen. Wie diese Wunden geheilt werden können und dies in Zukunft verhindert werden kann. Jeder der Teilnehmer und Teilnehmerinnen erläutert, wie ihre oder seine Meinung zu verschiedenen Themen ist, zum Zölibat mit seinen Schwierigkeiten, zur Weihe von Frauen zum Priestertum oder Diakonat, zur Segnung gleichgeschlechtlicher Paare, überhaupt zum Umgang mit Menschen, die aufgrund ihres Lebensziels, ihrer sexuellen Orientierung oder ihrer Einstellungen nicht sofort in ein fertiges Bild von Kirche passen. Hier darf jeder und jede ihre Meinung äußern, keiner wird niedergeschrien, alle dürfen ausreden, alle zu Wort kommen, wir hören einander zu, weil Gott will, dass wir aufeinander hören. Und weil natürlich die Zeit in diesem Traum keine Rolle spielt.

Ganz einfach auf den Punkt gebracht: Während alle da, vom Papst, über Bischof bis zum einfach Ordenschristen am Mikro stehen und lauthals ihre Standpunkte verkünden, sitzt Gott im Hintergrund und lacht und denkt sich: He, ich kenne dich und dein Leben, was du bist und tust, du brauchst mir doch gar nichts zu erzählen, ich weiß doch alles und ich kenne genau die Differenz zwischen dem, was du lebst und dem, was du sagst.

Es ist der Traum eines einfachen Franziskaners aus Indien, der in Österreich lebt. Der von ganzem Herzen liebt, was Jesus getan und gesagt hat. Der von ganzem Herzen in der Spiritualität des heiligen Franz von Assisi aufgeht. Der die Kirche schätzt, aber sehr darunter leidet, in welchem Zustand sie sich befindet. »Franziskus, geh und stelle mein Haus wieder her, das – wie du siehst – ganz verfallen ist!« Das ist heute keine Aufgabe mehr für einen Einzelnen – es ist eine Aufgabe für uns alle. Ich will meinen Teil dazu beitragen. Mit den Gaben, die ich habe, so gut wie ich es vermag. Ich möchte, dass der Herrgott fröhlich ist, wenn er unsere Werke betrachtet. Und glauben Sie mir, wenn der Herrgott lacht, können auch wir lachen, fröhlich sein und sein Reich, seine Kraft und seine Herrlichkeit mit reinem Herzen wertschätzen.

Ja, ich habe diesen Traum.

Danksagung

Am Ende bleibt mir nur noch eines, nämlich zu danken. Zuerst möchte ich Gott danken, den ich zwar noch nie gesehen habe, von dem ich aber weiß, dass er mich liebt, mich annimmt und akzeptiert wie ich bin. Das schenkt mir die große Freiheit, so zu sein, wie ich bin, und meinen Lebensweg mit ihm zu gehen.

Dann möchte ich natürlich meinen Eltern danken, die sich liebten und lieben. Genau darum gibt es mich ja – und natürlich meine Schwester.

Ich danke allen, die zu meiner Ausbildung beigetragen haben, angefangen von den frühesten Kindertagen bis heute.

Ich danke meinen franziskanischen Mitbrüdern in Indien und in Österreich.

Ich danke allen meinen Freundinnen und Freunden, die mit mir auf dem Weg sind, mich bestärken und unterstützen, allen meinen »Fans«, die mich ermutigen, dranzubleiben, und allen, die dazu beigetragen haben, dass ich jetzt dort sein kann, wo ich bin.

Dann danke ich natürlich allen, die zur Verwirklichung dieses Buches beigetragen haben, der Verlagsleitung, den Co-Autoren und all jenen, die überhaupt die Idee hatten, dass dieses Werk entstehen sollte.

Am Ende bedanke ich mich bei allen, die sich jeder und jede auf ihre eigene Art und Weise dafür einsetzen, unsere Welt besser zu machen und ihr ein menschliches Angesicht zu verleihen. Denn all diese Menschen teilen mit mir bewusst oder unbewusst das, was ich meine Mission nenne: Frieden, Freude und Menschlichkeit zu bringen. Denn Menschlichkeit ist die größte Religion.

Quellenangabe

S. 152ff.: *Die Blümlein des Heiligen Franziskus*, Hrsg. v. Ramon de Luca, Wil 2013.

Augenzwinkernd gegen alle Konventionen

HANNES SCHOTT
Ein unkonventioneller Blick auf die Kirche von morgen

RAUS AUS DEM TOTEN WINKEL

Kösel

Gottesdienste in Wohnzimmern oder Bussen sind nur zwei von vielen ungewöhnlichen Ideen von Hannes Schott. Der evangelische Pfarrer ist überzeugt: Kirche muss bei den Menschen sein, nicht umgekehrt! Daran arbeitet er nicht nur als Priester, sondern auch als Kabarettist.

Kösel

www.koesel.de

Mut zur Veränderung

Rainer M. Schießler

Himmel, Herrgott, Sakrament

Auftreten statt austreten

Kösel

In einer Zeit, in der so viele Menschen wie nie die katholische Kirche verlassen, gelingt es dem bundesweit bekannten Münchner Stadtpfarrer, dass seine Gemeinde wächst. Sein Rezept heißt Klartext. Will die Kirche sprachfähig und glaubwürdig sein, dann braucht sie Temperamente wie Rainer Maria Schießler.

Kösel

www.koesel.de

Eine Offenbarung für alle Sinnsuchenden

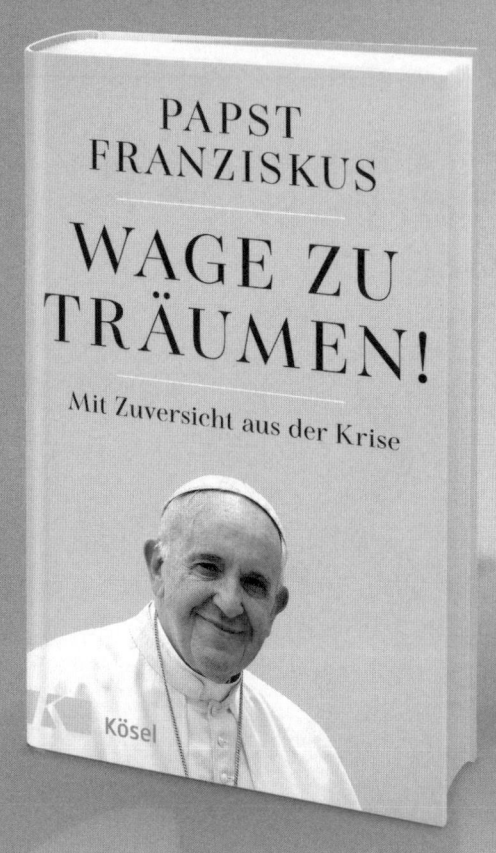

PAPST FRANZISKUS

WAGE ZU TRÄUMEN!

Mit Zuversicht aus der Krise

Kösel

In einer persönlichen Auseinandersetzung legt Papst Franziskus frei, wo die Probleme in unserem Gesellschaftssystem verborgen liegen. Für ihn gibt es kein »Zurück zur Normalität« vor der Corona-Pandemie. Vielmehr appelliert er an eine Neuausrichtung der Gesellschaft und erklärt, warum wir diese sicherer und gerechter gestalten müssen.

Kösel

www.koesel.de